AF377716

ÁLVARO MORENTE MONTERO
FRANCISCO JESÚS LLORENTE CANTARERO

# HIDRATACIÓN Y DESHIDRATACIÓN EN LA ACTIVIDAD FÍSICA Y EL DEPORTE

*A todos aquellos-as que*

*sólo dirán con criterio aquella frase tan escuchada:*

*"¡¡Ahora no se puede beber!!"*

# ÍNDICE

# PRÓLOGO

La vida surge en el agua y el agua es vital para todos los seres vivos. El organismo humano está bien adaptado, en condiciones de normalidad, a mantener una adecuada homeostasis hídrica, pero en determinadas circunstancias esa homeostasis puede verse dificultada y ser consecuencia de problemas de salud. La práctica de ejercicio conlleva la generación de calor, y con ello la puesta en marcha de mecanismos para mantener la constancia de la temperatura corporal, uno de los cuales es la sudoración. En situaciones de elevada temperatura ambiental, una profusa sudoración puede no verse adecuadamente compensada por la ingesta de líquidos y determinar cierto grado de deshidratación, la cual, aunque sea poco importante puede afectar el rendimiento físico.

La obra *Hidratación y deshidratación en la actividad física y el deporte,* magistralmente escrita por Álvaro Morente y Francisco Jesús Llorente, hace un exhaustivo repaso bien referenciado y actualizado por esta importante temática que puede ser de interés para deportistas, entrenadores y padres.

El libro comienza revisando los fundamentos teóricos que ponen de manifiesto la importancia de la hidratación para mantener el deseado y necesitado equilibrio hídrico-electrolítico y la reposición hídrica en el ámbito físico-deportivo. Asimismo, expone el estado actual de conocimientos y evidencias científicas sobre las consecuencias de la deshidratación en términos generales, e incidiendo más particularmente sobre las funciones cognitivas. El guión de la misma va, como debe ser, de lo general a lo específico, ofreciendo en todo momento una fundamentación teórica de lo que es la deshidratación en la actividad físico-deportiva, seguida de una revisión de lo que ocurre en distintas actividades y modalidades deportivas, distinguiendo entre lo que ocurre en la edad adulta y lo que ocurre en la infancia y adolescencia. Concluye este recorrido con un enfoque más concreto sobre el fútbol, y también aquí prestando atención al niño y adolescente (incluso distinguiendo entre entrenamiento y partido). El libro finaliza con una descripción de las técnicas de medida del estado de hidratación en el ámbito de la actividad física y el deporte, profundizando en las más recomendadas para su aplicación en el ámbito deportivo infanto-juvenil. El texto ofrece, además, interesantes anexos, así como una amplia bibliografía que pretenden ser útiles en los procesos de búsqueda para las personas interesadas en esta temática.

Además del interés que este libro pueda tener para deportistas, entrenadores, preparadores físicos, profesores y padres, esta obra puede ser perfectamente incluida como texto de ampliación o consulta en las Guías Docentes de las asignaturas de la Mención de Educación Física (Grado de Educación Primaria), lo cual supone un soporte bibliográfico añadido para el alumnado; la segunda, por ser, quizá, la dimensión menos estudiada y difundida de la Nutrición, especialmente en las edades previas a la plena maduración, y en concreto en relación a la actividad física y deportiva; asimismo, la condición de deportistas de ambos autores ha motivado un impulso extra en el abordaje de este empeño.

Disfruten pues de su lectura y su consulta.

*Manuel J Castillo Garzón*
*Doctor en Medicina*
*Catedrático de Fisiología Médica*
*Facultad de Medicina*
*Universidad de Granada*
*18071 Granada, España*

# PRESENTACIÓN

La principal intención de la presente obra no es otra que la divulgación de información, recomendaciones, postulados y evidencias científicas sobre la importancia y necesidad de la hidratación en general, pero muy especialmente en el ámbito de la actividad física y el deporte. Inherentemente a ello, y dada la trascendencia negativa de llegar a un estado de hipo o hiperhidratación, se aborda el complejo mundo teórico de la hidratación y deshidratación general y la ligada a la ejercitación corporal.

Ello no impide que pretenda otras intenciones más concretas: por un lado, aportar conocimiento actualizado a aquellos que está en sus manos el control de una correcta hidratación de otras personas, especialmente en contextos escolares y deportivos; por otro lado, si se nos permite, ayudar a estudiantes de la actividad física y deporte en sus búsquedas e indagaciones que puedan desembocar en estudios e investigaciones.

Se ha tenido una especial atención a los aspectos que nuestra temática pueda tener sobre la infancia y la adolescencia. Sobran razones para ello: por ser un grupo vulnerable a los efectos de la deshidratación, por existir escasa producción científica (sobre todo en el terreno físico y deportivo), por interés en indagar en aspectos vinculados a nuestro desarrollo profesional y por haber sido deportistas/futbolistas en nuestra infancia, adolescencia… y después.

La mirada al fútbol responde simplemente a la cantidad de individuos que se dedican o practican este maravilloso deporte: profesionales, amateur, de categorías inferiores, de ligas municipales o escolares, organizados con interés recreativo o espontáneos.

*Los autores*

# ABREVIATURAS

| | |
|---|---|
| **ACSM** | American College of Sports Medicine |
| **ACT** | Agua corporal total |
| ***Ad libitum*** | A voluntad |
| **AEP** | Asociación Española de Pediatría |
| **ADH** | Hormona antidiurética |
| **CDR** | Cantidad diaria recomendada |
| **CHO** | Carbohidratos |
| **CL** | Consumo de líquidos |
| **CMAE** | Calambres musculares asociados al ejercicio |
| **CRS** | Carga renal de solutos |
| **EAH** | Hiponatremia asociada al ejercicio |
| **EFSA** | European Food Safety Authority |
| **EHI** | European Hydration Institute |
| **EIB** | Espectroscopia de impedancia bioeléctrica |
| **FC** | Frecuencia cardíaca |
| **FESNAD** | Federación Española de Sociedades de Nutrición, Alimentación y Dietética |
| **FNB** | Food and Nutrition Board (of the Institute of Medicine) |
| **FG** | Filtrado glomerular |
| **FF** | Fracción de filtración |
| **FPR** | Flujo plasmático renal |
| **FR** | Restricción de líquidos |
| **FSR** | Flujo sanguíneo renal |
| **FWR** | Reserva de agua libre |
| **H⁺** | Hidrogeniones |
| **HR** | Humedad relativa del ambiente |
| **IDS** | Ingesta diaria sugerida |
| **IE** | Intervención educativa |
| **ISAK** | International Society for the Advancement of Kinanthropometry |
| **Lpm** | Latidos por minuto |
| **LEC** | Líquido extracelular |
| **LIC** | Líquido intracelular |
| **LP** | Pubertad tardía |
| **MP** | Pubertad mediada |
| **MR** | Mineralocorticoides |

| | |
|---|---|
| **MVP** | Prolapso de válvula mitral |
| **NATA** | National Athletics Trainers Association |
| **NCAA** | National Collegiate Athtletics Associations |
| **NFL** | National Football League |
| **PC** | Peso corporal |
| **Posm** | Osmolaridad del plasma |
| **PARA** | Actividad de renina en plasma |
| **REE** | Gasto energético en reposo |
| **RNM** | Requerimiento nutricional medio |
| **Sosm** | Osmolalidad sérica |
| **Tª** | Temperatura ambiente |
| **TªC** | Temperatura corporal |
| **Tosm** | Osmolalidad lacrimal |
| **TS** | Tasa de sudoración |
| **Ucol** | Color de la orina |
| **Uosm** | Osmolalidad de la orina |
| **USG** | Gravedad (densidad) específica de la orina |
| **VDR** | Valores Dietéticos de Referencia |
| **VEC** | Volumen extracelular |
| **VIC** | Volumen intracelular |
| **Vosm** | Osmolalidad salivar |
| **VO$_{2\,máx}$** | Consumo máximo de oxígeno |

# INTRODUCCIÓN

Dado que todos los procesos metabólicos ocurren en un medio acuoso (Grandjean y Campbell, 2006), el agua es, por consiguiente, el elemento básico para la vida. Es por ello que para mantenerse en el estado homeostático orgánico hay que cuidar la homeostasis hídrico-electrolítica (estado deseado), lo que implica adquirir y desarrollar buenos hábitos de hidratación. En el ámbito de la ejercitación física su importancia se multiplica, exponiendo a los practicantes que no mantengan su equilibrio hídrico, además de a una reducción de su rendimiento deportivo, a un estrés biológico progresivo de conse-cuencias peligrosas.

Partimos de la constancia de que a pesar de poder beber a vo-luntad (*ad libitum*), las personas tienden a no cubrir de forma sufi-ciente sus necesidades de líquido a corto plazo, hecho que se acentúa en la infancia (Kaushik, Mullee, Bryant y Hill, 2007; Assael et al. 2012; Gordon, Kassier y Biggs, 2015), afirmación que comparten y justifican Sánchez-Valverde, Moráis, Ibáñez, Dalmau y AEP (2014), destacando el hecho de que los niños tienen una sensación de sed inadecuada al grado de deshidratación, lo que los hace más vulnerables a la deshi-dratación deportiva.

Contamos con suficientes evidencias sobre los efectos que la deshidratación produce en el organismo (Sawka, Wenger y Pandolf, 1996; Murray, 1996; Wilmore y Costill, 2010; Sawka y Young, 2005). En un estado más precario se encuentra la investigación sobre los efectos que tiene la deshidratación en los aspectos mentales y cogni-tivos, aunque se puede destacar que a partir de una pérdida del 2-3 % del peso corporal (PC), se ven comprometidas las funciones menta-les y coordinativas (Sharma, Sridharan, Pichan y Panwar, 1986; Gopi-nathan et al., 1988; Aranceta et al. 2016).

En términos generales, se conocen las repercusiones que la des-hidratación ejerce sobre el rendimiento deportivo, tanto a nivel físico como cognitivo, admitiéndose que la cifra crítica a partir de la cual el grado de rendimiento va reduciéndose, se sitúa en la pérdida del 2% del PC por sudor (Cheuvront, Carter III, y Sawka, 2003; Casa, Clarkson y Roberts, 2005; Institute of Medicine, 2005). Aunque se dispone de los argumentos fisiológicos que justifican una menor tolerancia al estrés térmico y/o físico en los niños, escasean los estudios que profundizan sobre aspectos concretos de la deshidratación deportiva en la infancia. Por ello, no es extraño que actualmente los estudios sobre hidratación y deshidratación sea un foco importante de interés para la investigación. Al tener que realizarse necesariamente a través de estudios de campo, las técnicas de medida más precisas, válidas y fiables (y más costosas), como la dilución del ACT, la impedancia bioeléctrica e incluso, por su carácter invasivo, las mediciones de la osmolalidad plasmática, no son de uso práctico en la mayoría de los estudios en situaciones deportivas (Sawka, Burke, Eichner, Maughan, Montain y Stachenfeld, 2007).

Shirreffs (2003) y Cheuvront y Sawka (2005), han dado por válidas, como técnicas para el estudio de campo en contextos deportivos, los indicadores de orina y los cambios en el PC. Estos últimos se consideran como un indicador universal, válido, económico y factible de los cambios en el agua corporal (Grandjean y Campbell, 2006). Los marcadores de orina, especialmente su densidad y la osmolalidad, han sido utilizados ampliamente en la investigación general y deportiva y, aunque hay quien cuestiona su validez universal (Francesconi et al., 1987), actualmente resultan ser los indicadores ideales en contextos deportivos de entrenamiento y especialmente los competitivos, pues permiten un uso práctico y no invasivo, lo cual es ideal cuando se trabaja con niños.

Hasta la fecha, la investigación sobre la deshidratación deportiva en la juventud se ha limitado, casi exclusivamente, a estudios sobre intervención educativa. Sobre el estado de hidratación relacionado con la actividad físico-deportiva en la edad puberal y adolescente contamos con un pequeño conjunto de estudios, mientras que en la edad prepuberal son muy escasos.

## Capítulo 1

# El Agua En El Cuerpo Humano.
# La Importancia Del Equilibrio Hídrico-Electrolítico

Considerando que Grandjean, Reimers y Buyckx (2003) comprobaron que la gran mayoría de reacciones químicas que se producen dentro de las células dependen tanto de los fluidos (agua) como del balance de electrolitos, podemos decir que el nivel de hidratación en el que se encuentra un organismo va a afectar al conjunto del mismo, ya que incidirá sobre todos los sistemas fisiológicos del ser humano.

## 1.1. Funciones del agua en el organismo

El agua es, con mucha diferencia, la sustancia más abundante existente sobre la Tierra, y de igual manera en nuestros cuerpos. Pero además de abundante, es clave para la vida pues todos los procesos metabólicos acontecen en un medio acuoso.

Las principales funciones del agua son (Grandjean y Campbell, 2006, Rosés y Pujol, 2006 y Jéquier y Constant, 2010):

1. El agua colabora en las reacciones celulares, como medio de reacción, reactivo o producto. Transporta los nutrientes, gases y los desechos de las células y otras sustancias, como hormonas, enzimas, plaquetas y células sanguíneas; facilitando tanto el metabolismo celular como el funcionamiento químico de estas.

2. Es un excelente solvente y medio de suspensión, lo cual facilita la eliminación de productos de desecho y toxinas a través de la orina.

3. Como solvente, se combina con moléculas viscosas para formar fluidos lubricantes para las articulaciones, las mucosas que lubrican los tractos digestivo y genitourinario, el líquido ceroso

que lubrica las vísceras, así como la saliva y otras secreciones que lubrican los alimentos a su paso por el tracto digestivo.

4. Dada su capacidad de almacenamiento térmico, el agua ayuda a regular la temperatura del cuerpo humano absorbiendo el calor, aun cuando este sea relativamente pequeño, y liberándolo a través de la producción y evaporación que se da en la transpiración. Durante el ejercicio, a pesar de que la contracción muscular genera mucho calor, la temperatura corporal (TªC) aumenta poco. Para ello, la entrada de líquidos en el organismo va a ser variable, existiendo una compensación de las pérdidas producidas por el calor con el fin de evitar que aumente o disminuya el volumen de los líquidos corporales.

5. Es una unidad estructural importante del organismo. Mantiene la forma celular, constituye una parte integral de las membranas celulares, amortigua los órganos y ayuda a mantener las estructuras del cuerpo.

Para Iglesias (2011), en representación de la FESNAD (Federación Española de Sociedades de Nutrición, Alimentación y Dietética), el agua es el principal componente del cuerpo humano. Dada la importancia vital que tiene, los líquidos ingeridos deben garantizar una correcta hidratación, tanto en cantidad como en calidad, para asegurar la salud y el bienestar en lo que se refiere a los aspectos cognitivos, el rendimiento físico y la termorregulación.

## 1.2. Distribución del agua en el cuerpo

Según Grandjean y Campbell (2006) el cuerpo humano está compuesto en casi un 60% por líquido, el cual es almacenado en el interior de las células en sus dos terceras partes (líquido intracelular o LIC), y el tercio restante en los espacios externos a las células (líquido extracelular o LEC). El organismo se constituye como un complejo conjunto formado por más de 100 billones de células, que mantienen sus funciones gracias a los iones y nutrientes que se encuentran en el LEC, formando lo que se denomina *medio interno* del cuerpo (Guyton y Hall, 2011).

El LEC se subdivide, a su vez, en tres compartimientos: el líquido intersticial, que constituye más de tres cuartas partes del LEC, el plasma, que conforma casi una cuarta parte, y el fluido transcelular, cuyo volumen es muy pequeño -aproximadamente de 1 a 2 litros- e incluye líquidos tales como el sinovial, el peritoneal, el pericárdico, el cerebroespinal y el intraocular. Las células presentes en los tejidos difieren tanto en contenido como en concentración de soluto. Las concentraciones de sodio ($Na^+$) y cloruro ($Cl^-$) son altas en LEC y bajas en LIC. Sin embargo, el potasio ($K^+$) es elevado en LIC y bajo en LEC.

Debido a esta similitud, el líquido de las diferentes células es considerado como un gran compartimento, aunque técnicamente no sea así. Es en el LIC donde se dan lugar los principales procesos celulares, como es el caso de las reacciones enzimáticas; por tanto, el cuerpo se esfuerza por mantener un ambiente iónico estable (Grandjean y Campbell, 2006). En la tabla 1 se puede observar la distribución del agua corporal total (ACT) en los diferentes compartimentos corporales.

Tabla 1. *Distribución del ACT en los diferentes compartimentos corporales, expresado en medidas, porcentaje y proporción (adaptado de: Grandjean et al., 2003, Guyton y Hall, 2011 e Iglesias et al. 2011).*

| Compartimentos | Medida (kg/L) | | % |
| --- | --- | --- | --- |
| | Mujer | Hombre | |
| Peso corporal total | 55 Kg | 70 kg | 100 |
| Agua corporal total | 28 L | 42 L | 60 |
| Fluido Intracelular | 17 L | 28 L | (2/3) |
| Fluido Extracelular | 9 L | 14 L | (1/3) |
| Fluido Intersticial | 6,5 L | 9 o 10 L | 14~ |
| Plasma | 2,5 L | 3 L | 4~ |
| Fluido Transcelular | 2 L | 1 o 2 L | 2~ |

El agua corporal total (ACT) varía con la edad, el sexo, la masa muscular y el tejido adiposo. En individuos sanos, el ACT sufre pocas modificaciones, excepto como resultado del crecimiento, el aumento o pérdida de PC, o condiciones tales como la gestación y la lactancia. Sin embargo, la cantidad de ACT varía significativamente entre personas, debido a una diversidad de factores. Así, la masa muscular en los adultos está conformada por alrededor del 70 a 75% de agua, mientras que el tejido adiposo constituye entre el 10 y el 40% del PC. Es por ello que las mujeres suelen tener un porcentaje menor de ACT que los hombres, pues poseen una proporción de grasa relativamente más alta (Grandjean y Campbell, 2006).

Como se puede apreciar en la tabla 2, durante la infancia y la adolescencia el ACT se reduce gradualmente, pero se mantiene una proporción más alta en comparación con los adultos.

Tabla 2. *Agua Corporal Total como porcentaje del peso corporal total en diversos grupos de edad y sexo (Grandjean y Campbell, 2006, Fuente FNB, 2004; fuente original, Altman, 1961).*

| Población | ACT como porcentaje del peso corporal (media e intervalo) |
| --- | --- |
| Recién nacido a 6 meses | 74 (64-84) |
| 6 meses a 1 año | 60 (57-64) |
| 1 a 12 años | 60 (49-75) |
| Varones de 12 a 18 años | 59 (52-66) |
| Mujeres de 12 a 18 años | 56 (49-63) |
| Varones de 19 a 50 años | 59 (43-73) |
| Mujeres de 19 a 50 años | 50 (41-60) |
| Varones mayores 51 años | 56 (47-67) |
| Mujeres mayores 51 años | 47 (39-57) |

De ello podemos deducir que el reemplazo adecuado de líquidos tiene una gran importancia, y más aun cuando se juega o se ejercita en ambientes calurosos, especialmente los niños. La deshidratación en los niños es un asunto serio que, incluso, puede poner su vida en riesgo.

## 1.3. La deseada homeostasis hídrico-electrolítica

El equilibrio del agua corporal es el resultado de un balance adecuado entre los líquidos ingeridos y las pérdidas producidas por el organismo (Mudge y Weiner, 1990), debiendo asemejarse las cantidades adquiridas a las perdidas. Con el fin de mantener el citado equilibrio, el organismo utiliza el mecanismo de la sed para promover la ingesta de líquidos. A su vez, si no hay condiciones especiales que dificulten o impidan las principales vías de pérdida de agua, el balance se mantendrá (Iglesias et al. 2011).

Por otro lado, los iones inorgánicos clave son el $Na^+$, el $K^+$, el $Cl^-$ y el bicarbonato ($HCO_3^-$). El $Na^+$, principal ión extracelular, es el electrolito primario que mantiene el volumen total de agua corporal y la relación entre el volumen de líquido extra e intracelular. Los volúmenes de líquido de los compartimentos extracelulares dependen principalmente del $Na^+$ corporal total y sus aniones correspondientes (principalmente $Cl^-$ y $HCO_3^-$). Las alteraciones del contenido de $Na^+$ corporal total se manifiestan por cambios en el volumen extracelular. El estado de hidratación y las clasificaciones de deshidratación son determinados, en parte, por la distribución de agua entre estos dos compartimentos (Grandjean y Campbell, 2006).

Así, el cuerpo procura mantener la homeostasis de líquidos y electrolitos, a pesar de las grandes variaciones en el consumo y las pérdidas. Sin embargo, las condiciones físicas, ambientales y de estrés pueden provocar que los límites de los mecanismos homeostáticos se vean superados, dando lugar a desequilibrios de líquidos y electrolitos. Sobre la base de la cantidad de sales y agua perdida o ganada se definen los desequilibrios de agua, la deshidratación y la toxicidad por agua. En la figura 1 se puede observar la intervención secuencial de los elementos y mecanismos que intervienen en la homeostasis hídrico-electrolítica.

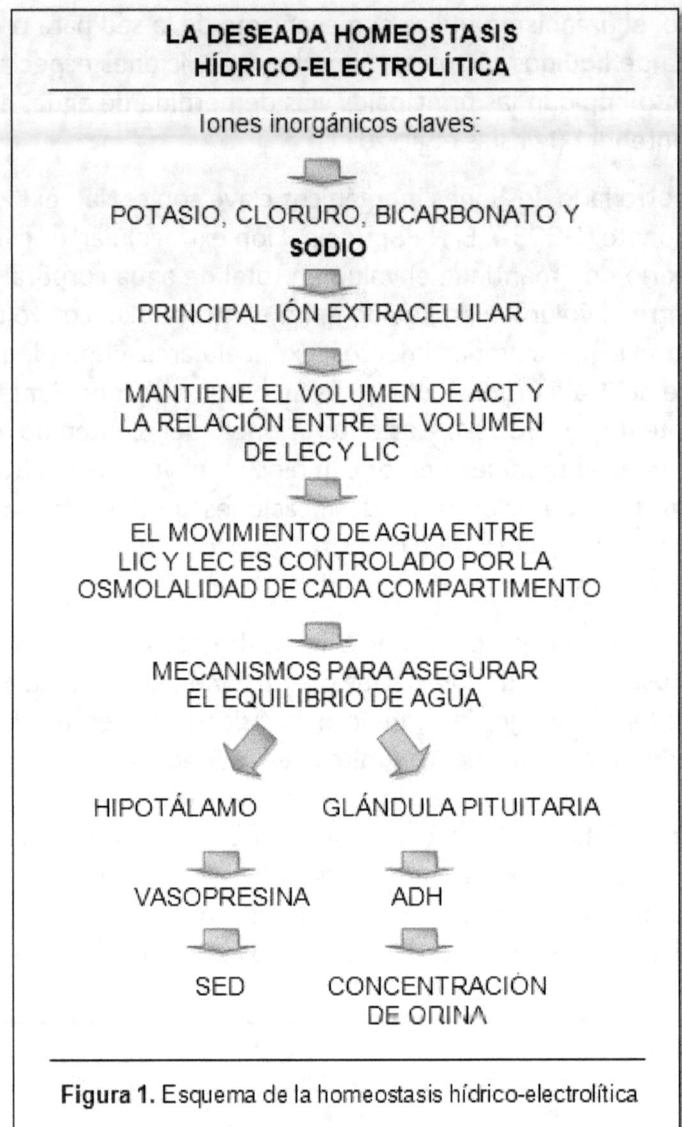


**Figura 1.** Esquema de la homeostasis hídrico-electrolítica

## 1.4. Ingresos de agua

Bajo condiciones normales, sólo hay dos modos de obtener agua para el cuerpo: la producción de agua metabólica y el consumo oral.

La *producción de agua metabólica* es un subproducto de la oxidación de los hidratos de carbono proporcional al gasto de energía, por lo que a mayor gasto mayor volumen de agua metabólica producida. Se puede generalizar que para un gasto energético de aproximadamente 2500 Kcal/día se desprenden unos 250 ml/día de agua metabólica, aunque existen diferencias interindividuales en relación, a factores como el clima, los hábitos y el nivel de actividad física que se realiza. Durante el ejercicio físico, la producción metabólica se convierte en un mecanismo de autorregulación para compensar las pérdidas de agua, principalmente por la sudoración, pero con un bajo impacto sobre la deshidratación.

El *agua que proviene de los alimentos* que comemos *y de los líquidos* que ingerimos constituye, pues, casi la totalidad del agua diaria que utiliza el organismo. Se admite, en términos generales (pero sin perder de vista la variabilidad individual), que el agua diaria que proviene de los alimentos supone un 20-25 % y de las bebidas un 75-80%. Respecto a la cantidad de agua que se ingiere a diario se observa que entre los hombres de 31 a 50 años el consumo promedio es de unos 3000 ml/día (FNB, 2004).

## 1.5. La sed

Debido a que las pérdidas de agua en el cuerpo son constantes, el organismo dispone de un mecanismo de compensación conocido como la sed, es decir, deseo de beber, que permite a los individuos recuperar los líquidos perdidos, aunque sea por cortos períodos de tiempo. La sensación de sed puede aparecer con una pérdida de tan sólo el 1% del PC (Iglesias et al. 2011).

Hay que anteponer una evidencia constatable: a pesar de poder beber *ad libitum*, las personas tienden a no cubrir de forma suficiente sus necesidades de líquido a corto plazo, hecho que se acentúa en la infancia (Kaushik, Mullee, Bryant y Hill, 2007). El consumo de líquidos se produce como consecuencia de razones voluntarias (conductuales), condicionados por diferentes factores como su palatabilidad (color, sabor, olor y temperatura), preferencias culturales, y por mecanismos involuntarios (Iglesias et al. 2011).

Así, podemos decir que la sed no es un indicador eficaz para la hidratación en el deporte, ya que cuando aparece ya se está en un estado ligeramente deshidratado, unido a que el ejercicio físico retrasa la aparición de la sensación de sed (López y Fernández, 2006).

En definitiva, la sed es un mecanismo que el organismo utiliza, junto con la orina, para regular el ACT, realizándolo mediante tres disparadores fisiológicos, que exponemos en orden de aparición sumativa, en base a las necesidades del organismo (Iglesias et al. 2011, p. 29-30):

1. Los osmorreceptores cerebrales, situados en la hipófisis, actúan cuando detectan una disminución en el volumen extracelular, o una hiperosmolalidad plasmática, induciendo la producción de ADH (hormona antidiurética), de modo que se activan dos mecanismos relativamente diferenciados, uno que activa la sed y otro que evita el reflejo de micción.

2. Los volorreceptores o receptores de volumen, ubicados en la aurícula izquierda, se activan (para reforzar las señales mandadas por los osmorreceptores) cuando hay diarrea, hemorragia o sudoración intensa, y también activan la producción de ADH.

3. Si la sed se agrava, unos barorreceptores renales, sensibles a cambios de presión, aumentan la secreción de renina y esta la de aldosterona (reduce la pérdida renal de $Na^+$ y la diuresis) y de angiotensina, que también provoca la producción de ADH.

Aún hay un mecanismo de anticipación para evitar la deshidratación; se trata de receptores bucales y estomacales que informa al cerebro (hipófisis) de la necesidad de rehidratación, y esto acelera el tiempo de dilución sanguínea de 10 a 20 minutos.

En resumen, "la deshidratación hace que la hormona aldosterona facilite la retención renal de $Na^+$ y $Cl^-$, elevando sus concentraciones en sangre. Esto activa la sed en un esfuerzo por hacernos ingerir más fluidos para reemplazar los que se han perdido" (Wilmore y Costill, 2010, p. 473).

En la figura 2 hemos recogido sintéticamente las consideraciones más importantes de la sed respecto al deporte y la actividad física.

---

**LA SED**

La sensación de sed puede aparecer con la pérdida de tan sólo el **1% del PC**

EVIDENCIA: las personas tienden a no cubrir de forma suficiente sus necesidades de líquido a corto plazo, hecho que se acentúa en la infancia

CONSUMO DE LÍQUIDOS

Razones voluntarias:      Mecanismos involuntarios
- Palatabilidad
- Preferencias culturales

---

**LA SED NO ES UN INDICADOR EFICAZ PARA LA HIDRATACIÓN EN EL DEPORTE**

---

**Figura 2.** La sed y el deporte

## 1.6. Pérdidas de agua

La *pérdida insensible de agua,* de la que el individuo no es consciente, se produce por evaporación del agua que pasa a través de la piel (difusión transepidérmica) y por el líquido que se pierde a través del tracto respiratorio. La pérdida insensible de agua a través de la piel es diferente de la que se produce con el sudor, y supone una cantidad de 30 a 400 ml/día, aunque minimizada por la capa córnea de la piel, que establece una barrera contra la pérdida excesiva de agua por difusión.

En cuanto a la pérdida insensible de agua a través del aparato respiratorio, que se produce por la diferencia de presión de vapor entre el aire inspirado (< 47mmHg) y la presión de vapor del aire antes de ser expirado (47 mmHg), viene a suponer unos 300 o 400 ml/día.

El volumen de agua respiratoria se modifica de acuerdo con la actividad física, la hipoxia y la hipercadmia.

Para Grandjean y Campbell (2006), la humedad relativa (HR) y la temperatura ambiental (Tª), la presión barométrica, la altitud, el volumen de aire inspirado, las corrientes de aire, la ropa, la circulación sanguínea a través de la piel y el contenido de agua en el cuerpo pueden afectar la pérdida insensible de agua. La actividad física tiene un mayor efecto que las condiciones ambientales sobre la pérdida insensible de agua y la pérdida por sudor.

El ejercicio físico y la Tª son dos factores determinantes de la pérdida de líquido a través del *sudor*, y ocurre cuando la radiación no es adecuada para disipar el exceso de calor. En condiciones de estrés térmico y/o físico, la evaporación de calor a través del sudor se convierte en el principal medio de pérdida de calor. Así, durante el ejercicio, sobre todo en climas cálidos, el trabajo muscular produce un aumento de la TªC central. Para evitar un sobrecalentamiento, los fluidos se mueven desde el torrente sanguíneo a la piel, donde pueden evaporarse en forma de sudor, enfriando así el cuerpo. Por lo tanto, es esencial mantener un volumen sanguíneo adecuado para una termorregulación óptima durante el ejercicio (Stachenfeld, 2013). En condiciones normales, el volumen de sudor de una persona es de unos 100 ml/día, pero se acrecienta en climas muy cálidos o con la realización de ejercicio físico intenso, pudiendo llegar en ocasiones a pérdidas de hasta 1 a 2 L/h.

Para Grandjean y Campbell (2006) la *pérdida urinaria* constituye otra forma de excreción de agua, estando regulada la cantidad de orina por diversos mecanismos. Es sumamente importante esta regulación, ya que el equilibrio entre solutos y la ingestión y excreción de agua determina la osmolalidad de los diferentes compartimentos corporales. La cantidad mínima de pérdida de agua a través de los riñones es la cantidad requerida por la carga renal de solutos (CRS), principalmente los derivados de la dieta, que deben ser excretados por los riñones. En condiciones estables, la excreción diaria de solutos debe ser igual a la carga diaria de estos. En los adultos, la excreción usual de solutos oscila entre 600 y 900 mOsm/día y la eliminación mínima de orina es de aproximadamente 500 ml/día. Así, en el caso de que haya una CRS constante y una capacidad de concentración normal, el volumen de orina estará determinado por la ingestión de líquidos.

Se estima que la *pérdida fecal de agua* de un adulto en condiciones normales, aun cuando puede haber variaciones, es de 100 ml/día. Lógicamente, en caso de diarrea, las pérdidas son mayores. Finalmente, las *pérdidas patológicas* de líquido y electrolitos incluyen pérdidas a través del tracto gastrointestinal, la piel, los pulmones y los riñones.

En la tabla 3, se recapitulan las estimaciones de pérdidas mínimas y producción de agua diaria, según distintos autores.

Tabla 3. *Estimación de pérdidas mínimas y producción de agua diaria (adaptado de: Iglesias et al. 2011. Fuente: FNB, 2004).*

| Referencia | Fuente | Pérdida (ml/día) | Producción (ml/día) |
|---|---|---|---|
| Hoyt y Honig, 1996 | Pérdida respiratoria | -250 a - 350 | |
| Adolf, 1947 | Pérdida urinaria | -500 a -1000 | |
| Mewburgh et al., 1930 | Pérdida fecal | -100 a - 200 | |
| Kuno, 1956 | Pérdida insensible | -450 a -1900 | |
| Hoyt y Honig, 1996 | Producción metabólica | | +250 a 350 |
| | Total: -1300 a -3450 | | |
| | Pérdida neta: -1050 a -3100 | | |

Nota: asumiendo unas condiciones en las que existe una mínima pérdida de agua por sudor.

Asimismo, dado que nos interesa conocer las pérdidas de agua que se producen como consecuencia de la práctica de ejercicio físico, en la tabla 4 mostramos una comparación de la pérdida de agua del cuerpo en reposo y durante el ejercicio, en la que se observa, además de como la sudoración es el dato relevante, la fluctuación que se produce en las distintas fuentes de pérdida de agua y el aumento del total durante el ejercicio de carácter prolongado.

Tabla 4. *Comparación de la pérdida de agua del cuerpo en reposo y en ambiente frío y durante el ejercicio exhaustivo prolongado (adaptado de: Wilmore y Costill, 2010).*

| Fuente de la pérdida | En reposo | | En ejercicio prolongado | |
|---|---|---|---|---|
| | ml/h | % total | ml/h | % total |
| Pérdida insensible: | | | | |
| Piel | 14,6 | 15 | 15 | 1,1 |
| Respiración | 14,6 | 15 | 100 | 7,5 |
| Sudoración | 4,2 | 5 | 1200 | 90,6 |
| Orina | 58,3 | 60 | 10 | 0,8 |
| Heces | 4,2 | 5 | 0 | 0 |
| Total | 95,9 | | 1321 | |

## 1.7. La formación de la orina por el riñón

### 1.7.1. Breve anatomía fisiológica del riñón

Guiados por Guyton (1984), podemos decir que la orina se forma a partir de la sangre por las nefronas, de las que la orina fluye a la pelvis renal, pasa por el uréter y llega a la vejiga. Aproximadamente entre los dos riñones existen unos 2.000.000 de nefronas, cada una de las cuales consta de dos partes principales: glomérulo y túbulos. El glomérulo es un penacho de capilares rodeado de una cápsula, llamada *cápsula de Bowman.* El líquido de los capilares se filtra por esta membrana y fluye primero al *proximal*, después por un asa larga llamada *asa de Henle*, a continuación, pasa al *túbulo distal*, luego al *túbulo colector* y, por último, a la *pelvis renal*. Al pasar el filtrado por túbulos, la mayor parte de agua y electrolitos son reabsorbidos por la sangre, de esta manera no se agotan, aunque se eliminan constantemente los productos de desecho.

### 1.7.2. La función renal en el ejercicio físico

Según Barbany (1986) y Darnell (1996), los riñones realizan dos importantes funciones: la excreción de los productos del metabolismo y la regulación del volumen y composición de los líquidos corporales. Estas funciones son realizadas básicamente por la nefrona a través de dos procesos consecutivos, la filtración glomerular y el transporte tubular (reabsorción y secreción).

### 1.7.3. Filtración glomerular

Para López (1997) los riñones son unos órganos bien vascularizados, los cuales reciben un 20% del gasto cardiaco, que para un adulto supone aproximadamente 1000-1200 ml/min de sangre (Flujo Sanguíneo Renal: FSR). Para un hematocrito del 45% esto supone unos 600 ml/min de plasma (Flujo Plasmático Renal: FPR). De los 600 ml/min de plasma que llegan a la nefrona, unos 120 ml/min atraviesan la pared hacia la cápsula de Bowman, es decir, son filtrados a través de los glomérulos (Filtrado Glomerular: FG). En condiciones normales el FG representa la quinta parte del FPR. La relación entre el FG y el FPR o Fracción de Filtración (FF) es por lo tanto de 1/5=20%.

El FG, también denominado *orina primitiva*, contiene solutos iónicos y componentes orgánicos que en su mayor parte serán reabsorbidos en los túbulos renales. De los 180 litros diarios de orina primitiva, en los que se encuentran solutos iónicos y componentes orgánicos, resulta aproximadamente 1 litro de orina definitiva, libre de la mayor parte de compuestos orgánicos de la orina primitiva y con una composición iónica variable.

El ejercicio físico genera algunos efectos sobre la FG: disminuye a partir del 50 % del $VO_{2máx}$, así como el FPR de forma proporcional a la intensidad del ejercicio (Barbany, 1986), aumenta la FF (Darnell, 1996), y se producen alteraciones de la permeabilidad glomerular (Poortmans, 1985).

### 1.7.4. Reabsorción tubular

López (1997) nos informa de que con el ejercicio aumenta la secreción renal de hidrogeniones ($H^+$), debiéndose al aumento que produce de la concentración plasmática de $H^+$, siendo estos secretados por los túbulos renales. El pH urinario suele descender alrededor de una o dos unidades respecto al reposo. Asimismo, sobre la secreción de $K^+$ con el ejercicio, en la mayoría de los casos parece existir un aumento, aunque en otras ocasiones ocurre lo contrario. En general, la excreción de $Na^+$ y $Cl^-$ suele disminuir y la de $K^+$ tiende a aumentar con respecto a la situación de reposo. Además de la intensidad y el tipo de ejercicio, el ambiente térmico, la hidratación, e incluso la posición del cuerpo en la ejecución del ejercicio pueden influir en la filtración e irrigación renal.

Las modificaciones del volumen y composición de la orina por el ejercicio son muy variables, dependiendo entre otros de la intensidad del esfuerzo, grado de rehidratación, condiciones ambientales (Tª, HR, etc.) y factores individuales. Nos interesan, sobre todo, las de tipo general (López, 1997):

a) Diuresis: se encuentra en general disminuida, constituyendo las clásicas oligurias de esfuerzo, dependiendo de la intensidad del esfuerzo.

b) Densidad: la concentración de la orina después del esfuerzo es variable, dependiendo de la reposición hídrica durante el ejercicio. Si la hidratación es correcta, la osmolaridad puede ser idéntica a la basal.

c) Excreción de $Na^+$, $Cl^-$ y $K^+$: normalmente con el ejercicio la excreción de los primeros disminuye, mientras que el $K^+$ aumenta, respecto a la situación en reposo. Aun así, algunos autores han encontrado una excreción aumentada de $Na^+$ y $K^+$, cuando el esfuerzo es submáximo, mientras que cuando es intenso no aparecen incrementos significativos (Virvidakis et al. 1986).

d) Excreción de Hidrogeniones: los $H^+$ se excretan mediante un mecanismo de neutralización. El pH desciende respecto a la condición basal.

En la figura 3 se puede seguir el recorrido de la formación de la orina y los procesos que se producen en el riñón.

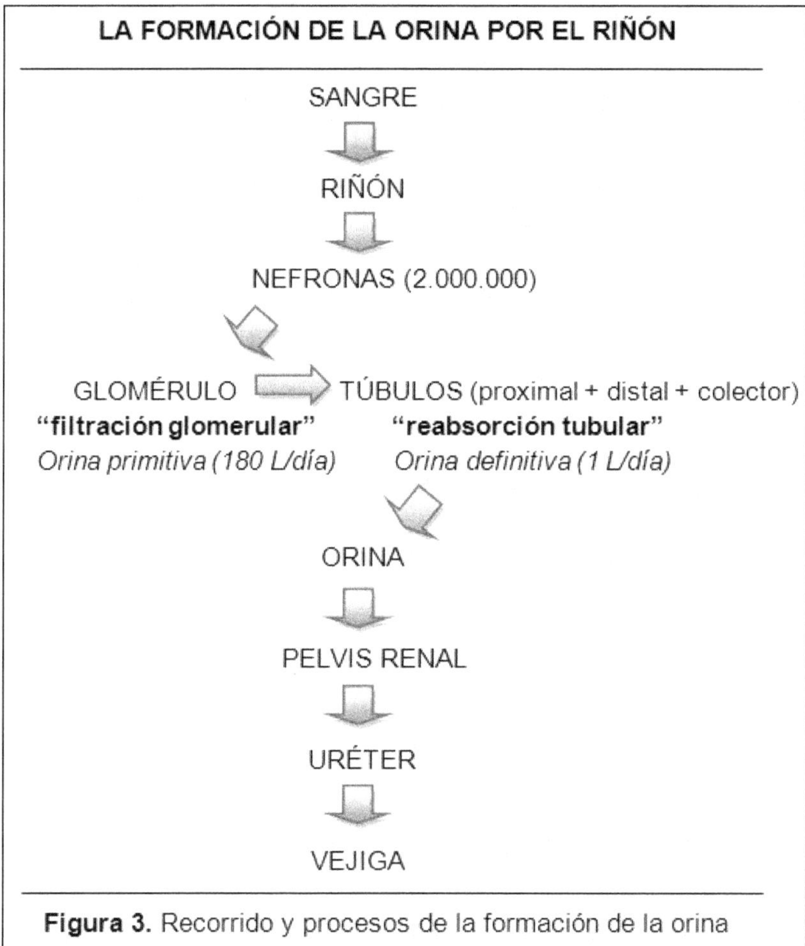


**Figura 3.** Recorrido y procesos de la formación de la orina

## 1.8. Requerimientos y recomendaciones

En principio, Grandjean y Campbell (2006) nos recomiendan distinguir la diferencia entre un concepto y otro. Un requerimiento es la cantidad mínima necesaria de un nutriente para llegar a un nivel fisiológico predeterminado, que para nosotros es la *euhidratación* (nivel adecuado de ACT). La cantidad de agua necesaria para reemplazar las pérdidas es el requerimiento absoluto. Dado que los requerimientos no son predecibles con exactitud, salvo que las condiciones se establezcan de forma controlada, las recomendaciones son parámetros que se emplean en la evaluación y planificación de dietas para individuos y grupos y que sirven para proponer estrategias y políticas de ingesta.

Así, la Cantidad Diaria Recomendada (CDR), es la media de ingesta diaria de un nutriente que es suficiente para cubrir los requerimientos de casi todos los individuos sanos en un grupo concreto de edad y sexo. Pero para establecer una CDR, primero es necesario determinar el Requerimiento Nutricional Medio (RNM). A su vez, se precisa que exista un indicador específico o criterio de adecuación para poder definir un RNM. Los datos que se tienen sobre los requerimientos de agua se consideran insuficientes para establecer un RNM, por lo cual conviene proponer una Ingesta Diaria Sugerida (IDS). Se supone que una IDS cubre o supera la cantidad necesaria para sostener un estado de nutrición definido. Ciertamente, las IDS ofrecen menos certeza que las CDR y, en consecuencia, deben utilizarse con mayor cuidado que las CDR (Grandjean y Campbell, 2006).

## REQUERIMIENTOS ≠ RECOMENDACIONES

- REQUERIMIENTO ABSOLUTO:
  Cantidad de agua necesaria para reemplazar las pérdidas.

- REQUERIMIENTO NUTRICIONAL MEDIO (RNM):
  Precisa que exista un indicador específico.

- CANTIDAD DIARIA RECOMENDADA (CDR):
  Media de ingesta diaria suficiente para cubrir los requerimientos de casi todos los individuos.

- INGESTA DIARIA SUGERIDA (IDS):
  Cubre o supera la cantidad requerida.
  ¡OJO!, ofrecen menos certeza que las CDR.

**Figura 4.** Diferenciación de los distintos conceptos relacionados con los requerimientos y las recomendaciones.

Sobre la base de los datos que nos han proporcionado los estudios de las pérdidas, ingestión y equilibrio de los líquidos, se han elaborado enunciados, tablas y figuras que muestran las cantidades de líquido ganado y perdido, aunque hemos de entender que tales recomendaciones no son requerimientos.

## 1.9. Recomendaciones generales de ingesta de agua

Para Iglesias et al. (2011), en general, las necesidades de líquidos para cada persona son distintas para cada persona dependiendo de la edad, condiciones ambientales, actividad física, patrón dietético, función renal, consumo de fármacos o hábitos tóxicos. Así, los requerimientos de agua son extremadamente variables. Esta variabilidad no sólo es de tipo interindividual, sino que también puede manifestarse a nivel intraindividual (pueden variar para una misma persona día por día).

En los niños, Iglesias et al. (2011) alertan sobre la necesidad de poner un especial cuidado debido a sus peculiaridades fisiológicas que los hacen más sensibles a la deshidratación. Asimismo, hay que considerar que el ejercicio físico ocupa en el niño una parte importante en los distintos tiempos pedagógicos, y que las consecuencias de ello sobre el equilibrio hídrico son diferentes según la edad, el sexo, el estado de forma física, la carga de trabajo (volumen e intensidad), así como el entorno: temperatura, humedad, viento, altitud, actividad en sala o aire libre.

En principio, vamos a ofrecer una caracterización general de las necesidades hídricas de los individuos en distintas edades, para más adelante comparar los datos resultantes de la NHANES III (amplia encuesta sobre alimentación y nutrición realizada sobre población norteamericana), que fue publicada por la FNB (Food and Nutrition Board of the Institute of Medicine, 2004), por el propio Institute of Medicine (2005) y asumida, divulgada y ampliada por Grandjean y Campbell (2006), con los datos más recientes publicados por la EFSA (European Food Safety Authority) en 2010 y el EHI (European Hydration Institute) en 2012.

La FNB (2004) afirma, en un documento que establece los valores nutricionales de referencia, que no hay un nivel único de consumo de agua que pueda asegurar la hidratación adecuada y la salud óptima para la mitad de todas las personas aparentemente sanas en todas las condiciones ambientales. Asimismo, ha dejado establecidas IDS para distintas etapas de la vida.

Si hablamos de lactantes sanos, el requerimiento de agua es aproximadamente de 75 a 100 ml/Kg/día, aunque por los numerosos factores que aumentan el riesgo de deshidratación en los bebés, se recomienda que sea de 150 ml/Kg/día (Heird, 2004). Si recomendásemos proporcionalmente a los adultos respecto de los lactantes, para un individuo de 70 kg, sería de 10,5 L/día, lo que es desmesuradamente excesivo. La razón de esta desproporción, además de las diferencias de ACT (ver tabla 2), está en las peculiaridades fisiológicas que tienen los lactantes, que son (Grandjean y Campbell, 2006, p. 13):

1. Mayor relación entre área de superficie y masa corporal.
2. Mayor tasa de retorno de agua.
3. Menor desarrollo del aparato de sudoración.
4. Capacidad limitada para excretar solutos.
5. Menor capacidad para expresar la sed.
6. Relación proporcionalmente más alta de LEC.
7. Nivel más elevado de sodio y cloruro corporal total.
8. Nivel más bajo de potasio, magnesio y fósforo.

Los niños, a partir de la lactancia y hasta el término de la pubertad (1-13 años), mantienen una proporción más alta de ACT en comparación con los adultos (tabla 2), y además se diferencian de estos en tener:

- Menor tolerancia al calor, especialmente durante la actividad física en ambientes calurosos (no siendo así a intensidades moderadas, Shibasaki, Inoue, Kondo y Iwata, 1997).

- Una tasa metabólica más alta durante la actividad física.

- Una mayor relación en el área de superficie respecto a la masa corporal, que le ofrece una mayor capacidad de disipación y evaporación, reduciendo la sudoración y permitiendo una mejor conservación del agua que los adultos (Falk y Dotan, 2008), en consecuencia, una más eficaz termorregulación (Inbar, Morris, Epstein y Gass, 2004).

- Un gasto cardíaco inferior a un nivel metabólico dado y tardan más en aclimatarse (Grandjean y Campbell, 2006).

En el caso de los adultos, los estudios sobre el equilibrio de agua indican que el requerimiento mínimo de líquido para individuos sedentarios que viven en climas templados es de 1 a 1,3 L/día. La IDS de consumo total de agua para varones a partir de los 19 años se basa en el consumo promedio de agua total del NHANES III, y en este caso contempla cubrir los requisitos mínimos pérdidas que sucedan en sujetos con actividad física limitada en climas templados.

En la tabla 5, comparamos los datos previos con los Valores Dietéticos de Referencia (VDR) que nos da la EFSA, con la garantía que ofrece ser la Autoridad Europea de Seguridad Alimentaria, que tras la consulta con los Estados Miembro, la comunidad científica y otros actores involucrados, los elevó a la categoría de Panel. Los VDR constituyen el consejo científico basado en la evidencia que dirige las acciones de la Unión Europea en el campo de la nutrición, pudiéndose utilizar en el etiquetado de los alimentos y para la evaluación y organización de dietas. Las recomendaciones de la EFSA sólo son aplicables en condiciones moderadas de temperatura ambiental y actividad física (EHI, 2012).

Tabla 5. *Comparación entre la ingestión diaria sugerida (IDS) para individuos sanos propuestos por la FNB (2004), y las recomendaciones para la ingesta de agua en humanos incluidas dentro de los valores dietéticos de referencia (VDR) publicados por la EFSA (2010).*

| FNB (2004) | | EFSA (2010) | |
|---|---|---|---|
| Etapa/Grupo de la vida | Ingestión de líquidos diaria total (litros/día ) | Etapa/Grupo de la vida | Ingestión de líquidos diaria total (litros/día) |
| BEBÉS | | | |
| 0 a 6 meses | 0,7 | | |
| 7 a 12 meses | 0,8 | | |
| NIÑOS-AS | | | |
| 1 a 3 años | 1,3 | 2 a 3 años | 1,3 |
| 4 a 8 años | 1,4 | 4 a 8 años | 1,6 |
| HOMBRES | | | |
| 9 a 13 años | 2,4 | 9 a 13 años | 2,1 |
| 14 a 18 años | 3,4 | 14 en adelante | 2,5 |
| 19 a 50 años | 3,7 | | |
| MUJERES | | | |
| 9 a 13 años | 2,1 | 9 a 13 años | 1,9 |
| 14 a 18 años | 2,3 | 14 en adelante | 2,0 |
| 19 a 50 años | 2,7 | | |

Para la EHI (2012) es importante tener en cuenta que:

- En comparación con los niños y los adultos, los niños tienen un contenido total de agua en el cuerpo superior. En los recién nacidos los contenidos totales de agua del cuerpo puede ser tanto como 75% y esto disminuye hasta el 50-60% en el momento en que llega a la edad adulta.

- Los bebés y los niños necesitan agua no sólo para reemplazar las pérdidas a través de la respiración, la sudoración y la orina, sino también para el crecimiento.

- Los casos de diarrea y vómitos son frecuentes en los lactantes y niños de corta edad y ambos pueden llevar a la deshidratación si las pérdidas de agua no se reemplazan.

- Los bebés no pueden comunicar fácilmente sus necesidades y los niños activos pueden estar tan involucrados en lo que están haciendo que se olvidan de beber, por lo que es importante para aquellos que cuidan de ellos estar atentos a la posibilidad de deshidratación especialmente cuando hace calor o durante períodos de enfermedad.

Asimismo, para garantizar una correcta hidratación en niños activos, especialmente en ambientes calurosos, es importante recordar algunos consejos prácticos (EHI, 2012):

- Hacer que los niños beban antes de salir a jugar y llamarlos con frecuencia para beber.

- Alentar descansos regulares a la sombra cuando el sol se encuentra en su posición mas elevada y la temperatura es mayor, para evitar el sobrecalentamiento.

- Mantener, siempre que sea posible, las bebidas frescas y ofrezca las que sean de su gusto. Todas las bebidas, incluyendo el agua, leche, jugo, refrescos y otros líquidos, pueden ayudar a satisfacer las necesidades de hidratación de un niño.

- Recordar, que muchos alimentos (especialmente frutas y verduras) tienen un alto contenido de agua y contribuyen a la ingesta total de líquidos.

Existe alguna evidencia de que el suministro de bebidas para los niños puede ayudar a un mejor desempeño en pruebas estandarizadas de concentración, la memoria a corto plazo y otros elementos esenciales del proceso de aprendizaje. Las necesidades de hidratación deben, por lo tanto, ser consideradas también cuando los niños están en la escuela.

## 1.10. Decálogo infantil de hidratación.

El *Decálogo Infantil de Hidratación* (tabla 6) pretende ser un material didáctico para uso específico en educación nutricional en la escuela, entidades institucionales y deportivas.

Proponemos que suponga el "sustrato básico teórico" de charlas, coloquios y debates que se realicen con niños y jóvenes en cualquiera de los ámbitos en los que pudiese ser oportuno compartir conocimientos que impulsen a la adquisición de hábitos nutricionales conducentes a un estilo de vida saludable, así como que sea un instrumento utilizable en la aplicación de programas de intervención educativa (IE) que tengan como objetivo la reducción de los efectos perjudiciales que supone la deshidratación en el ámbito académico y deportivo.

Tabla 6. *Decálogo* Infantil de Hidratación (elaborado a partir del Decálogo de Hidratación de Comité General de Colegios Oficiales de Farmacéuticos, 2012).

| **DECÁLOGO INFANTIL DE HIDRATACIÓN**<br>(Adaptado del CGCOF, 2012) |
|---|
| **1**. Se recomienda consumir entre 2 y 2,5 litros de *líquidos saludables* (LS)* al día, a lo largo del día, incluyendo el agua que proviene de los alimentos. |
| **2**. La sed es una señal que nos avisa que hay que beber LS. No es saludable "aguantar" sin beber, al contrario, se debe beber sin esperar a tener sed. |
| **3**. Si se realiza actividad física (sobre todo si es en ambientes calurosos) es necesario aumentar la cantidad de LS. |
| **4**. Hay que tener muy en cuenta las situaciones que pueden favorecer la deshidratación: calor y sequedad ambiental anormalmente elevados, fiebre, diarreas, vómitos, etc. |

| DECÁLOGO INFANTIL DE HIDRATACIÓN<br>(Adaptado del CGCOF, 2012) |
| --- |
| **5.** No es aconsejable realizar actividades físicas en las horas centrales de días calurosos, usar excesivas prendas de abrigo, exposición exagerada al sol, etc. |
| **6.** Es conveniente hidratarse antes, durante y después del ejercicio, aunque sea moderado. |
| **7.** Los principales síntomas que orientan hacia un cuadro de deshidratación son: sed, sequedad de las mucosas y de la piel, disminución de la cantidad de orina y, en casos más graves, pérdida brusca de peso, orina oscura y concentrada, somnolencia, cefalea y fatiga extrema. |
| **8.** El agua y otras bebidas con diferentes sabores* son necesarias para asegurar una adecuada hidratación. |
| **9.** Además de los líquidos, ciertos alimentos, como frutas y verduras, nos pueden ayudar a mantener un buen nivel de hidratación. |
| **10.** El control del peso antes y después del ejercicio físico ayuda a establecer individualmente los ajustes necesarios para evitar la deshidratación. |

*El LS universal para la infancia es el agua y zumos con agua, aunque para los adultos se puede considerar que la ingesta de infusiones de hierbas, tés de frutas sin azúcar, incluso la cerveza sin alcohol, son perfectos calmantes de la sed.

Como se puede observar el *Decálogo Infantil de Hidratación* contiene la información pertinente y necesaria que permite al niño adquirir los hábitos correctos para mantener un buen estado de hidratación, tanto en la vida cotidiana como en la práctica de actividad físico-deportiva.

Si lo que se pretende es, precisamente, inculcar esos buenos hábitos de hidratación, quizá haya que optar por aplicar un programa de IE, en el que a través de propuestas procedimentales los niños puedan experimentar vivenciando comportamientos que le convenzan de que tales conductas repercuten positivamente en su estado de bienestar y, en el caso de realizar actividades físico-deportivas, en su buen rendimiento.

Para ello nos parece oportuno proponer que, junto a la base teórica que aporta el *Decálogo Infantil de Hidratación*, se articulen como instrumentos yuxtapuestos el uso de la Escala de color de la orina de Armstrong et al. (2000) y los procedimientos matemáticos para determinar el PC perdido y % de PC perdido (ambos detallados en el Capítulo 7, dedicado al estudio de las técnicas de medida del estado de hidratación en el ámbito de la actividad física y el deporte).

Como principio orientador, nos atrevemos a adelantar unos objetivos generales desde los cuales poder establecer los mecanismos que se consideren adecuados para alcanzarlos:

1. Crear hábitos saludables de hidratación.

2. Alcanzar un nivel de comprensión y concienciación sobre la deshidratación y sus efectos que permita al niño evitarlos.

3. Capacitarlo en determinar con cierto grado de eficacia su nivel de deshidratación.

Dado que tales objetivos transcienden del ámbito deportivo, creemos que la aplicación de programas de IE debería llevarse a cabo en la escuela. Así, Jacques (2012) ha instado explícitamente a las escuelas a desempeñar un papel vital para asegurar que los niños desarrollen patrones saludables de consumo de líquidos.

Razones no le faltan, ya que actualmente existen suficientes evidencias para considerar que un alto porcentaje de escolares en España se sitúan en un estado de hipohidratación y que ello afecta al rendimiento escolar (Soteras, 2017). Así lo demuestra un estudio transversal de Fenández-Alvira et al. (2014), con 238 niños y adolescentes españoles de entre 3 y 17 años de edad, alertando sobre la necesidad de promover un aumento en el consumo de agua en niños y adolescentes para poder satisfacer las necesidades de líquidos.

## Capítulo 2

# Reposición Hídrica En El Ámbito Físico-Deportivo

En las últimas décadas se ha incrementado el número de trabajos que justifican la necesidad de ingerir y reponer líquidos antes, durante y después de cualquier práctica de actividad física, así como sobre aspectos concretos: composición, temperatura, volumen, frecuencia, palatabilidad, estrategias individualizadas y climatología. A continuación, se recoge algunos de los estudios más significativos relativos a estas cuestiones con el fin de ofrecer, de forma concisa, los datos necesarios que permita la comprensión global de este capítulo.

## 2.1. Ingesta y reposición de líquidos en el ejercicio físico

Cuando hablamos de ingesta y reposición de líquidos hay que tener siempre muy presente la duración de la actividad a realizar. Durante la realización de ejercicios de resistencia, principalmente en aquellos que la práctica alcanza las 6 horas de duración, la ingesta de líquidos adquiere una gran importancia dada la necesidad de restituir los niveles de $Na^+$ (Barr, Costill y Fink, 1991). Sin embargo, no solo es necesario atender a la reposición de $Na^+$, sino que hay que prestar atención a otros nutrientes como los hidratos de carbono (HCO). Se ha comprobado que una reposición adecuada de fluidos durante un ejercicio intenso de 1h de duración atenuaba ligeramente el aumento de la frecuencia cardíaca (FC) y la TªC central en mayor medida que durante una ingesta menor de fluido (Below, Mora-Rodriguez, Gonzalez-Alonso y Coyle, 1995).

Los beneficios ya mencionados de una ingesta adecuada de HCO pueden verse incrementados si a estos le unimos la ingesta de agua. La combinación de ambos enlentece el deterioro de la máxima capacidad neuromuscular más que si se ingiere sólo agua. Además, se ha comprobado que la ingesta de agua durante la realización de un ejercicio prolongado de intensidad moderada en un ambiente caluroso atenúa el declive en la potencia máxima aeróbica (Fritzsche, Switzer, Hodgkinson, Lee, Martian y Coyle, 2000). A su vez, la temperatura a la que esté el agua ingerida parece tener efectos beneficiosos sobre el organismo. Se ha comprobado que la ingesta de una bebida fría (4ºC) antes y durante el ejercicio reducía la acumulación de calor fisiológico en comparación con una bebida a 37ºC, dando lugar a una mejora de la capacidad de resistencia (23 ± 6%) (Lee, Shirreffs y Maughan, 2008). Sin embargo, no en todas las condiciones se ha comprobado una mejora. Se ha observado que la reposición de fluido durante 1 hora de pedaleo intenso no mejora el rendimiento en hombres y mujeres físicamente activos y en condiciones normales de hidratación (Bachle, Eckerson, Albertson, Ebersole, Goodwin y Petzel, 2001).

Al investigar cómo diferentes concentraciones moderadas de cloruro de sodio (NaCl) afectan a la rehidratación tras la realización de ejercicio y la capacidad de ejercicio posterior, Merson, Maughan y Shirreffs (2008) comprobaron que la adición de 40 o 50 mmol/L de NaCl a una bebida de rehidratación reduce la producción de orina pos-ejercicio, proporcionando con ello una rehidratación más eficaz que una bebida libre de Na$^+$. Sin embargo, esto no supuso un incremento en el rendimiento a las 4 horas de haber finalizado el período de rehidratación.

Si analizamos el desarrollo de los deportes de equipo, especialmente cuando se trata de partidos destacados o en los que se hace muy necesaria la obtención de un resultado positivo, es habitual que se alternen esfuerzos de muy alta intensidad con períodos de recuperación. Es frecuente que esta alternancia de esfuerzos dé como resultado niveles muy bajos de glucógeno muscular al final de la competición (Burke y Hawley, 1997), Sin embargo, parece que este decremento en los niveles de glucógeno pueden verse atenuados gracias a la ingesta de bebidas hidratantes suplementadas con carbohidratos, dando como resultado una mejora en el rendimiento de ejercicios intermitentes de alta intensidad (Balsom, Wood, Olsson y Ekblom, 1999).

Maughan y Shirreffs (2008, 2010a, 2010c), en distintas revisiones sobre la deshidratación y rehidratación en el deporte competitivo, resaltan la necesidad de que los atletas deben aprender a evaluar sus necesidades de hidratación antes, durante y después de la competición y desarrollar una estrategia de hidratación personalizada que observe las características del ejercicio, el estado del medio ambiente y sus necesidades individuales. Asimismo, consideran que una estrategia individualizada apropiada tendrá en cuenta el estado de hidratación previo a la competición para poder establecer los líquidos, electrolitos y sustratos necesarios antes, durante y después de esta.

La National Athletics Trainers Association (NATA) propone las siguientes recomendaciones generales para los sujetos físicamente activos (McDermott et al., 2017):

- Educar a las personas físicamente activas con respecto a los beneficios del reemplazo de fluidos para promover el rendimiento y la seguridad, y evitar los riesgos potenciales de la hipohidratación y la hiperhidratación en la salud y el rendimiento físico.

- Cuantificar las tasas de sudoración de las personas físicamente activas durante el ejercicio en diversos entornos.

- Trabajar con individuos para desarrollar prácticas de reemplazo de fluidos que promuevan una hidratación suficiente pero no excesiva antes, durante y después de la actividad física.

## 2.2. Recomendaciones para antes, durante y después del ejercicio

Las personas físicamente activas logran mantener un nivel de hidratación normal y equilibrado, euhidratación, sólo si ingieren suficiente fluido antes, durante y después de la actividad física (Murray, 1996). La capacidad de compensar la pérdida de fluido con la reposición está limitada por las tasas máximas de ingesta, vaciamiento gástrico y absorción intestinal.

Las bebidas, para que se puedan considerar adecuadas en la recuperación de los líquidos y electrolitos perdidos por la realización de ejercicio físico, deben reunir una serie de características y condiciones determinadas. Una de las formas de ayudar a promover el consumo de líquido en las distintas fases del ejercicio es aumentar la palatabilidad de los líquidos ingeridos. Esta se ve influenciada por varios factores que incluyen la temperatura, el contenido de $Na^+$ y el sabor, incluso el color y el olor (Iglesias et al., 2011). La temperatura del agua preferida está entre 15 y 21ºC, pero esta y la preferencia de sabor varía considerablemente entre individuos y culturas (Engell et al., 1987). Sin embargo, en la actualidad, la elección y adaptación de una bebida a un deportista determinado presenta cierta complejidad, dado que no contamos con una evidencia científica y control (por parte de la Agencia Europea de Seguridad Alimentaria, EFSA), sobre los productos e ingredientes incluidos en las bebidas, en muchas ocasiones se ofrecen declaraciones nutricionales y de propiedades saludables erróneas (Urdampilleta, Gómez-Zorita, Soriano, Martínez-Sanz, Medina y Gil-Izquierdo, 2015). En congruencia con sus propias opiniones, proponen las características de las bebidas deportivas para antes, durante y después del entrenamiento (tabla 7).

Tabla 7. *Características de las bebidas deportivas para antes, durante y después del entrenamiento (Urdampilleta et al., 2015).*

| Antes | Durante | Después |
|---|---|---|
| Isotónica o ligeramente hipótonica | Isotónica | Hipertónica |
| 4-6% azúcares | 6-9% azúcares | 9-10% azúcares |
| 0,5 - 0,7 g Na$^+$/L | 0,5 - 0,7 g Na$^+$/L<br>0,7- 1,2 g Na$^+$/L.<br>(si + 1 h. o estrés por calor) | 1-1,5 g Na$^+$/L |

## 2.2.1. Hidratación antes del ejercicio

El objetivo de la hidratación antes del ejercicio es iniciar la actividad física euhidratado, es decir, con niveles normales de electrolitos en plasma. Si se consumen suficientes bebidas con las comidas y ha pasado un periodo de recuperación prolongado (8-12 h.) desde la última sesión de ejercicio, el deportista debería alcanzar valores próximos a la euhidratación (Institute of Medicine, 2005). Sin embargo, si la persona ha padecido deficiencias de líquido considerables y no ha ingerido volúmenes de líquidos y electrolitos adecuados para restablecer la euhidratación, puede ser necesario un protocolo agresivo de hidratación antes del ejercicio. El programa de hidratación pre-ejercicio ayudará a asegurar que se corrija cualquier deficiencia previa de líquidos y electrolitos antes de que se inicie la tarea de ejercicio. Se considera que un sujeto está correctamente hidratado si su PC por la mañana en ayunas es estable, o sea, si varía menos del 1 % día a día (Opliger y Bartok, 2002). La deshidratación será mínima con una pérdida del 1 al 3 % del PC, moderada entre el 3 al 5 %, y severa si es mayor al 5 % (Casa at al., 2000).

El Colegio Americano de Medicina Deportiva (ACSM, 2007) indica que cuando un individuo se hidrate antes del ejercicio, debe tomar bebidas lentamente, por ejemplo, 5-7 ml/kg de PC, al menos 4 horas antes del ejercicio. Si el individuo no produce orina o la orina es oscura o muy concentrada deberá tomar progresivamente más líquido, por ejemplo, otros 3-5 ml/kg, cerca de 2 horas antes del evento (Sawka et al., 2007).

Al hidratarse varias horas antes del ejercicio hay suficiente tiempo para que, a través de la producción de orina, regresar a niveles normales antes de iniciar el evento. El consumo de bebidas con $Na^+$ (20-50 mEq/L) y/o pequeñas cantidades de aperitivos salados o alimentos que contengan $Na^+$ en las comidas ayudará a estimular la sed y retener los líquidos consumidos (Maughan y Leiper, 1995; Shirreffs y Maughan, 1998).

En ambientes húmedos y calurosos, es conveniente tomar cerca de medio litro de líquido con sales minerales durante la hora previa al comienzo de la competición, dividido en cuatro tomas cada 15 minutos (200 ml cada cuarto de hora). Si el ejercicio que se va a realizar va a durar más de una hora, también es recomendable añadir HCO a la bebida, especialmente en las dos últimas tomas (Shirrefs y Maughan, 1998; Gorostiaga y Olivé, 2007). No es recomendable la ingestión excesiva o hiperhidratación previa al ejercicio de agua junto con glicerol para expandir los espacios intracelulares y extracelulares, porque no mejora el rendimiento deportivo en comparación con la euhidratación (Latzka et al., 1997; Latzka, Sawka y Montain, 1998; Kavouras et al., 2005), pudiendo producir efectos secundarios como: mayor necesidad de orinar durante la competición (Freund et al., 1995; O'Brien, Freund, Young y Sawka y Young, 2005), náuseas, molestias gastrointestinales, cefalea y aumento del PC. Además, la hiperhidratación que produce aumenta el riesgo de hiponatremia (Gorostiaga, 2004; Ortega, Ruiz, Castillo y Gutiérrez, 2004; Montain, Cheuvront y Sawka, 2006).

## 2.2.2. Hidratación durante el ejercicio

El objetivo de beber durante el ejercicio es prevenir la deshidratación excesiva (>2% de pérdida de PC por déficit de agua) y los cambios excesivos en el balance de electrolitos, para evitar que esto afecte el rendimiento en el ejercicio (Sawka et al., 2007). Montain et al. (2006) nos indican que la cantidad y tasa de reposición de líquido depende de la tasa de sudoración (TS) del individuo, de la duración del ejercicio y de las oportunidades para beber. Los individuos deben beber periódicamente (cada vez que se tenga oportunidad) durante el ejercicio, sin esperar a que aparezca la sed, pues esta es un indicador del estado de deshidratación. Se debe tener cuidado en determinar las tasas de reposición de líquido, particularmente en aquellos ejercicios con una duración prolongada superior a las 3 horas. Cuanto mayor sea la duración del ejercicio mayores serán los efectos acumulativos de las pequeñas diferencias entre las necesidades y la reposición de líquidos, pudiendo dar lugar a una deshidratación excesiva o a una hiponatremia por dilución.

Es difícil recomendar un programa específico de reposición de líquidos y electrolitos debido a los diferentes tipos de ejercicio (requerimientos metabólicos, duración, vestimenta, equipo), las condiciones climáticas y otros factores (por ejemplo, predisposición genética, aclimatación al calor, puesto específico y estado de entrenamiento) que influyen en la TS y las concentraciones de electrolitos en el sudor de una persona. Por lo tanto, se recomienda que los individuos tengan monitorizados los cambios en el PC durante las sesiones de entrenamiento o las competiciones para estimar las pérdidas de sudoración durante el ejercicio, en particular con respecto a las condiciones climáticas (Palacios, Franco, Manonelles, Villegas y Manuz, 2008). Esto permitirá personalizar los programas de reposición de líquidos para que sean desarrollados en función de las necesidades particulares de cada persona.

Ante la discusión sobre la periodicidad de la ingesta de líquidos carbohidratados durante los partidos de fútbol, Clarke, Drust, MacLaren y Reilly (2005) demostraron que a igual volumen total de HCO consumido, la manipulación de la sincronización y el volumen de la ingestión provoca respuestas metabólicas similares sin afectar el rendimiento durante los partidos. Siegler et al. (2008), en un estudio de campo en entrenamientos de fútbol, comprobaron como una bebida con carbohidratos y glicerol al 5,2%, reducía mejor la deshidratación que sólo con carbohidratos, resultando beneficioso para entrenamientos que fuesen de tiempos superiores a los 75 minutos. Sin embargo, si hablamos de actividades con carácter recreativo, donde los esfuerzos oscilan entre los 5 y 42 km de carrera ("running"), no parece ser necesaria una reposición tan reposiciones agresivas de líquidos, ya que los registros a ritmos recreativos mostraron que las pérdidas de líquido son < 2% del PC. Aunque, el consumo de HCO (bebidas deportivas, geles, barras) puede beneficiar la práctica de ejercicio a intensidades más elevadas o períodos de práctica más duraderos (Kenefick y Cheuvront, 2012).

Por otro lado, se ha descrito que en aquellos ejercicios cuya duración es inferior a 1h la deshidratación no parece disminuir la capacidad aeróbica, aunque se les suele aconsejar a los atletas que se enjuaguen la boca con bebidas deportivas. A su vez, si nos centramos en aquellas prácticas cuya duración es superior a la hora, el hecho de disponer de fluidos de forma continua, con el fin de ingerir de acuerdo con los dictados de la sed, hace que se maximice el rendimiento de aeróbico. En general, se recomienda programar la ingesta de líquidos para mantener la pérdida de PC inducida por el ejercicio en torno al 2-3% (Goulet, 2012).

Maughan (2012) ante las dudas de poder establecer recomendaciones con la suficiente potencia científica, debido a la diversidad metodológica de los estudios realizados y a las diferencias en la aptitud y otras características fisiológicas de los sujetos estudiados, estableció una recomendaciones más generales que pudieran ser extensibles a diferentes grupos poblaciones: beber cantidades adecuadas de agua, especialmente agua fría, puede mejorar el rendimiento durante la práctica de ejercicio en muchas situaciones. Parece que la incorporación de líquidos fríos en la cavidad bucal trae consigo la activación de mecanismos subyacentes que combaten la deshidratación. Paralelamente, se ha observado un incremento en el rendimiento durante la práctica de ejercicio, gracias a la ingesta de otros nutrientes que se encuentran asociados a los líquidos que promueven la comunicación entre la boca, el intestino y el cerebro (Burke y Maughan, 2015).

Maughan y Meyer (2013), proponen una correspondencia entre las exigencias de la competición con los protocolos de ingesta en los entrenamientos, aunque se plantean si entrenar en estado de hipohidratación y la consiguiente hipertermia puede aumentar la eficacia de un programa de aclimatación al calor, lo que resultaría en una mejora del rendimiento de resistencia en ambientes cálidos y templados.

Como se aprecia, existe un debate acerca de la aplicación de directrices para la ingesta de líquidos durante la práctica deportiva. Con el fin de aportar un haz de luz a dicha controversia, Garth y Burke (2013) publicaron las situaciones y consideraciones pertinentes a la ingesta de líquidos durante las competiciones deportivas. Se habla de un complejo conjunto de factores que influyen en las oportunidades para beber durante las actividades competitivas continuas, muchos de los cuales están fuera del control del atleta: reglas y tácticas de eventos, disponibilidad regulada de líquido, mantener una técnica o velocidad óptima y el confort gastrointestinal, que sugiere lo cuestionable que puede ser la ingesta verdaderamente *ad libitum* durante las pruebas. También se debate sobre los formatos de competición que dificultan la rehidratación debido al escaso y variable tiempo entre las distintas pruebas de una competición. Por último, advierten de la diversidad de ingredientes y características de las bebidas deportivas que pueden aumentar la palatabilidad y/o rendimiento, y que pueden generar patrones de ingesta deseables que son independientes de las preocupaciones de la hidratación o la sed. Terminan con un llamamiento a la necesidad de aumentar la información científica para poder establecer conclusiones acerca de las estrategias de bebidas ideales para los deportes.

En la tabla 8 observamos los valores que se consideran oportunos para las distintas características de las bebidas deportivas tomadas durante la competición.

Tabla 8. *Características de las bebidas deportivas tomadas durante la competición (Urdampilleta et al., 2015).*

| Características | Mínimo | Máximo |
|---|---|---|
| Azúcares (%) | 6 | 9 |
| Tipo de azúcares | Mezcla de azúcares de tasa de rápida absorción (glucosa o maltodextrina) y lenta (fructosa) en la proporción 3/1 | [Fructosa] >33% |
| Minerales (g/L) Na$^+$ | 0,46 | 1,20 |
| Osmolaridad (mOsm/L) | 200 | 330 |
| Volumen (mL /hora) | 500 | 1000 |
| Temperatura (ºC) | 10 | 15 |
| Frecuencia (min) | 15 | 30 |

## 2.2.3. Hidratación después del ejercicio

La rehidratación debe iniciarse tan pronto como finalice el ejercicio. El objetivo fundamental es el restablecimiento inmediato de la función fisiológica cardiovascular, muscular y metabólica mediante la corrección de las pérdidas de líquidos y electrolitos acumuladas durante el transcurso del ejercicio (Sawka et al., 2007).

Si la disminución de PC durante el entrenamiento o la competición ha sido superior al 2% del PC, conviene beber aunque no se tenga sed y salar más los alimentos (Burke, 2006). Se recomienda ingerir, como mínimo, un 150% de la pérdida de PC en las primeras 6 horas tras el ejercicio, para cubrir el líquido eliminado tanto por el sudor como por la orina y de esta manera recuperar el equilibrio hídrico. Los sujetos mejor preparados desarrollan sistemas de refrigeración (sudoración) más eficientes, por lo que deberán consumir más líquido.

El aumento del volumen plasmático está directamente relacionado con el volumen de líquido ingerido y con la concentración de Na$^+$. La resíntesis del glucógeno hepático y muscular (gastado durante el ejercicio) es mayor durante las dos primeras horas después del esfuerzo (Burke y Hawley, 1997). Por todo esto, las bebidas de rehidratación post-ejercicio deben llevar tanto Na⁺ como HCO, y hay que empezar a tomarlas tan pronto como sea posible.

Evans, Shirreffs y Maughan (2009) investigaron sobre la eficacia de diferentes soluciones de carbohidratos para restablecer el equilibrio de líquidos en situaciones de ingesta *ad libitum*. Tras el estudio, se encontraron diferencias en la ingesta de líquidos total, por lo que concluyeron que en situaciones de ingesta de líquidos voluntaria, las soluciones de carbohidratos y electrolitos hipertónicas son tan eficaces como las hipotónicas para restaurar el equilibrio de líquidos en todo el cuerpo.

Tanto el agua como el Na⁺ necesitan ser reemplazados para restablecer el ACT "normal" (euhidratación). Esta sustitución puede ser por las prácticas normales de comer y beber si no hay urgencia para la recuperación, pero si se desea una recuperación rápida (< 24 h), o existe una hipohidratación grave (> 5% de masa corporal), debe acometerse un consumo agresivo de líquidos y electrolitos para facilitar la recuperación de cara a la competición posterior (Shirreffs y Sawka, 2011).

Se ha constatado que la ingesta de bebidas a temperaturass fresca (10ºC) que contienen hidratos de carbono y electrolitos, son las más favorables para el consumo y retención de PC, en comparación con agua pura y bebidas de temperatura moderada (26ºC) (Park, Bae, Lee y Kim, 2012). La prevención de la deshidratación después del ejercicio gracias al consumo de agua por vía oral tiene efecto positivo en el mantenimiento de la presión arterial media post-ejercicio, y puede estar relacionado con la reducción de la conductancia vascular total (Endo et al., 2012). Lo cual adquiere mayor relevancia si tenemos en cuenta que tras la ejecución de ejercicios intermitentes de alta intensidad, se consume más líquidos que después de una ejercitación continua, debido a una mayor pérdida de sudor, dando como resultado un aumento de la osmolaridad sérica debido a concentración superior de lactato en sangre (Mears y Shirreffs, 2013).

Para llevar a cabo estas estrategias en nuestros jugadores o atletas debemos concienciarles de la importancia que una correcta hidratación va a tener sobre su rendimiento individual y, por tanto, sobre el éxito colectivo. El control del PC pre y post-ejercicio es un método fácil de comprobar para los deportistas, ayudando a mantener mínima la deshidratación e identificar a aquellos que están predispuestos a grandes pérdidas de PC.

A modo de punto de referencia, en la tabla 9 exponemos la propuesta de López y Fernández (2006) sobre las pautas generales de ingesta de líquidos y su composición para antes, durante y después de la actividad físico-deportiva competitiva.

*Tabla 9. Pautas generales de ingesta de líquidos y su composición para antes, durante y después del ejercicio físico competitivo (adaptado de González-Gross, en: López y Fernández, 2006, pp. 250-251; fuente original: González-Gross et al, 2001; Burke, Kiense e Ivy, 2004; Coyle, 2004).*

| | **Recomendaciones pre-competitivas** | | |
| | **Cena** | **3 - 6 horas** | **60 - 30 minutos** |
|---|---|---|---|
| Ingesta de líquidos | 1 litro | 500 ml agua o zumo | 500-600 ml solución (1 g/kg CHO) |

| **Recomendaciones competitivas** | | | | | | |
|---|---|---|---|---|---|---|
| **Duración del ejercicio** | **Volumen de fluido (ml/h)** | **Frecuencia de ingesta (minutos)** | **Volumen (ml)** | **Temp. (°C)** | **Composición** | **Dosis CHO (g/h)** |
| < 1 h | 300-500 | 10-15 | 150-200 | 8-12 | 4-8 % CHO | 30-35 |
| 1-3 h | 600-1.200 | 15-20 | 150-200 | 8-12 | 4-8 % CHO + 20-40 mmol/L Na⁺ + 5 mmol/L K⁺ | 30-60 |
| > 3 h | 700-1.000 | 10-30 | 150-200 | 8-12 | 6-8 % CHO + 220-40mmol/L Na⁺ + 5 mmol/L K⁺ + 1,5 mg/kg cafeína | 30-60 |

| | Recomendaciones post-competitivas | | |
|---|---|---|---|
| | 0-90 minutos | 120-240 minutos | Total 24 horas |
| Ingesta de líquidos | 500 ml | 450-680 ml/450 g peso perdido por sudor | 150% del total de peso perdido por sudor |
| Ingesta de electrolitos | 12-24 g/L Na$^+$ + 1-2 g/L K$^+$ | 20 mmol/L Na$^+$ + 3 mmol/L K$^+$ | 6 g de ClNa |
| Ingesta de CHO | 1,2 g/kg de peso/h | 1,2 g/kg de peso/h | 5-7,7-12,10-12g/kg/día, según carga |

## 2.3. Hiperhidratación

Parece lógico pensar que para prevenir la deshidratación lo oportuno será incrementar la ingesta de agua de forma excesiva. Aun así, la hiperhidratación en ejercicio físico puede ser un factor importante que conlleve a una reducción en el rendimiento físico del deportista. El riesgo de ingerir excesiva agua es la aparición de la hiponatremia o el descenso en el contenido de sales en el organismo (Zambrasky, 2005; Montain, Cheuvront y Sawka, 2006). Desde un punto de vista clínico, la hiponatremia se define como una concentración de Na$^+$ en sangre por debajo del nivel normal de entre 136 y 143 mmol/L (Wilmore y Costill, 2010). Esto supone que se provoque un desplazamiento de Na$^+$ del medio extracelular hacia el intestino, produciendo la aceleración en la reducción del Na$^+$ plasmático que puede desembocar en desorientación, confusión y crisis epilépticas en deportes de larga duración (Baylis, 1980), e incluso la muerte por encefalopatía hiponatrémica como sucedió en el maratón de Boston de 2002 (Almond et al., 2005).

Aunque se han dado casos de hiponatremia en el tenis, debido a que son numerosos los descansos entre juegos que posibilitan ingerir demasiado líquido para evitar posibles calambres musculares, quizá sea en los deportes de ultra-resistencia donde más factores se asocian para producir hiponatremia.

La situación real para impedir la hiponatremia sería reemplazar el agua exactamente al mismo ritmo que se pierde, o añadir Na$^+$ al líquido ingerido. El problema radica en que las bebidas deportivas que contienen menos de 25 mmol/L de Na$^+$ son insuficientes para prevenir la dilución del $Na^+$, pero concentraciones más altas no se pueden tolerar (Wilmore y Costill, 2010). En prevención de que aparezca la hiponatremia, se recomienda para ejercicios de larga duración o de alta intensidad, un consumo de líquidos que contenga de 0,5 a 0,7 g/L (20 a 30 mEq/L) de $Na^+$, suponiendo esta cantidad una concentración cerca de la del sudor real de un adulto (Hernandez y Nahas, 2009).

En general, en los casos en que se considere necesaria una ingesta abundante, y en prevención de la hiponatremia asociada al ejercicio (EAH), Urdampilleta et al. (2015) proponen añadir a la bebida de competición azúcares al 4-6 % de concentración e incrementar las sales en 0,7-1 g/L. En el entrenamiento consideran: antes = 4-6% azúcares + 0,5-0,7g $Na^+$/L; durante = 6-9% azúcares + 0,5-0,7g $Na^+$/L; después = 9-10% azúcares + 1-1,5g $Na^+$/L (ver tabla 6).

## 2.4. Directrices generales de consumo de líquidos para el niño deportista.

Sobre las directrices generales de consumo de líquidos para el niño deportista tenemos que anticipar que las investigaciones sobre la rehidratación en niños deportistas son escasas. Aun así, Rowland (2011), propone una ingesta de líquidos por hora durante el ejercicio de 13 ml/kg de PC, y posterior al ejercicio de aproximadamente 4 ml/kg por cada hora de ejercicio y Abián-Vicén y Abián (2012), recomiendan seguir la propuesta de la guía australiana de medicina del deporte para la reposición de líquidos (agua) para niños de ~10 años: 45 minutos antes del ejercicio ingerir 150-200 ml y tan pronto como se pueda, durante el ejercicio, otros 75-100 ml.

El documento de la Asociación Española de Pediatría (AEP) ha reunido las directrices generales sobre la nutrición para el niño deportista, incluyendo, lógicamente, las relacionadas con el consumo de líquidos, estableciendo unas recomendaciones generales sobre la hidratación para el niño deportista (Sánchez-Valverde, Moráis, Ibáñez, Dalmau y AEP, 2014, p. 125.e1-125.e6):

1. Factores como el clima, la intensidad del ejercicio y las características del propio individuo influyen en los requerimientos hídricos de los deportistas.

2. Las actividades de tipo aeróbico son especialmente susceptibles de una mayor exigencia de hidratación.

3. Se aconseja una hidratación antes del ejercicio, el mantenimiento durante el mismo y una ingesta posterior que asegure una rehidratación óptima.

4. El control del peso antes y después del ejercicio ayuda a establecer individualmente los ajustes necesarios para evitar la deshidratación.

5. La bebida fundamental para mantener la hidratación en niños es el agua, y sólo en adolescentes y en algunas condiciones muy especiales, puede ser recomendable la ingesta de bebidas específicas que incluyan sodio e hidratos de carbono en su composición.

## Capítulo 3

## Deshidratación General

### 3.1. Evolución general de su estudio desde una perspectiva clínica

La deshidratación como fenómeno y sus efectos en el organismo humano viene siendo objeto de estudio e investigación desde prácticamente mediados del siglo pasado. En el año 1947 hace aparición la publicación Physiology of Man in the Desert, que compilaba las investigaciones realizadas durante el desarrollo de la guerra por un grupo de fisiólogos dirigido por E. F. Adolph de la Universidad de Rochester (Brown, 1947).

A partir de la década de los 60 se produce un avance en los análisis fisiológicos, hallándose que las modificaciones más probables en el plasma, durante la deshidratación progresiva, se producían en la concentración de proteínas, como la albúmina, en lugar de en el volumen de plasma (Senay y Christensen, 1965).

Sin embargo, es partir de los 70 cuando los estudios sobre la sintomatología de la deshidratación muestran una especialización, centrando las investigaciones en aspectos más concretos como: la relación de la deshidratación con otras patologías, el sistema inmune, la pérdida de PC, procesos hormonales, funciones psicológicas y precisión en la medida del estado de deshidratación. Durante los años 80 se realizaron distintos estudios en los que se relacionaba los efectos de la deshidratación con patologías de diverso tipo, algunas relacionadas con la salud mental.

Ya en los 90, se estudió la relación del estado de hidratación con la incidencia de patologías oncológicas, analizando la relación de la ingesta de fluidos con el cáncer de vejiga en hombres y mujeres de mediana edad, entre 45 y 65 años (Bruemmer, White, Vaughan y

Cheney, 1997), así como en diversas enfermedades crónicas (Manz y Wentz, 2005) o epidemiológicas, como en el caso de la obesidad infantil, donde se ha observado influencia del consumo de agua sobre el gasto energético en reposo (REE) en niños con sobrepeso (Dubnov-Raz, Constantini, Yariv, Nice y Shapira, 2011).

---

### EVOLUCION GENERAL DE SU ESTUDIO DESDE UNA PERSPECTIVA CLINICA

**INICIO:** en el año 1947, E. F. Adolph de la Universidad de Rochester y su equipo sentaron, a través de fundamentos científicos, los efectos de la Tª y la falta de agua en el organismo.

En los **SESENTA**, se indicaron que las modificaciones más probables en el plasma durante la deshidratación progresiva se producían en la concentración de proteínas en lugar de en el volumen de plasma.

En los **SETENTA**, los estudios se especializaron centrándose en la investigación de aspectos más concretos como: la relación de la deshidratación con otras patologías, el sistema inmune, la pérdida de PC, procesos hormonales, funciones psicológicas y precisión en la medida del estado de deshidratación.

Durante los **OCHENTA** se realizaron distintos estudios relacionando los efectos de la deshidratación con patologías de diverso tipo, los procesos termorreguladores y, en especial, la sudoración.

En los **NOVENTA** se ha hecho hincapié en la relación del estado de hidratación y su incidencia con patologías oncológicas.

En la **PRIMERA DÉCADA DEL SIGLO XXI**, se categorizaron los efectos de la deshidratación en función de la fuerza de las evidencias en distintas enfermedades crónicas.

En la **DECADA ACTUAL**, existe un interés centrado contra la epidemia de la obesidad infantil. Otros estudios se han enfocado hacia los avances en la terapia pediátrica de deshidratación.

---

**Figura 5.** Sinopsis cronológica de la evolución de los estudios de la deshidratación desde una perspectiva clínica.

Finalmente, si nos centramos en los últimos años, las investigaciones sobre deshidratación han adquirido un enfoque más dirigido a los estudios de los avances en la terapia pediátrica. Se ha observado que los antieméticos (fármacos que impiden el vómito –emesis– o la náusea) pueden ser un complemento en la terapia de rehidratación oral (Niescierenko y Bachur, 2013). Moritz (2013) presenta diferentes aspectos de la gestión de fluidos con énfasis en la prevención y tratamiento de los trastornos del Na+ sérico. McNab et al. (2014) han pretendido dar respuesta a parte de las problemáticas que plantea Moritz, primero, estableciendo y comparando el riesgo de hiponatremia mediante la revisión sistemática de los estudios donde líquidos isotónicos se comparan con líquidos intravenosos hipotónicos para fines de mantenimiento de la hidratación en niños, y, posteriormente, comparando el riesgo de hipernatremia debido al efecto que sobre la concentración media de Na+ sérico y la tasa de efectos adversos atribuibles a ambos tipos de fluidos se produce en los niños.

## 3.2. Tipos de deshidratación

Mataix (2008) ha explicado que la capacidad homeostática del individuo conducirá al organismo a mantener el estado de equilibrio hídrico y electrolítico, pero ciertas condiciones ambientales, clínicas o físicas pueden superar su influencia pudiéndose presentar cuadros de deshidratación, e incluso hiperhidratación. Dado que con el término deshidratación sólo se identifica el estado hídrico, hay que añadir un "apellido" con el que también se identifique el estado de los solutos y en qué compartimento (LIC o LEC). Así, en relación, a los tipos de deshidratación, distintos autores (Reese, 1991; Sawka, 1992; Downey y Seagrave, 2000; Grandjean y Campbell, 2006; Mataix, 2008) coinciden al considerar tres grandes tipos de deshidratación, que se clasifican según la cantidad de solutos en relación con la pérdida de agua:

1. *Deshidratación isotónica*: se produce cuando existe pérdida de agua corporal y Na$^+$ en cantidades iguales del compartimento plasmático (extracelular), no generando modificación en la presión osmótica.

2. *Deshidratación hipertónica*: se produce cuando sólo existe pérdida de agua o cuando las pérdidas de agua son mayores que

las de Na⁺, lo que produce una concentración elevada del mismo (por lo que también se le puede denominar *hipernatrémica*). Se produce ante condiciones derivadas de la TªC elevada, como el ejercicio, quemaduras o fiebre.

3. *Deshidratación hipotónica*. Tiene lugar cuando la pérdida de solutos es mayor a la pérdida de agua lo cual reduce la presión osmótica extracelular facilitando la entrada de agua al compartimento intracelular. Los diuréticos y las dietas bajas en sodio pueden causar este tipo de deshidratación. También se conoce como *deshidratación hiponatrémica* o disminución de volumen y electrólitos.

En la figura 6 se pueden observar esquemáticamente cuáles son los hechos fisiológicos que se producen según el tipo de deshidratación, caracterizando los distintos tipos existentes.

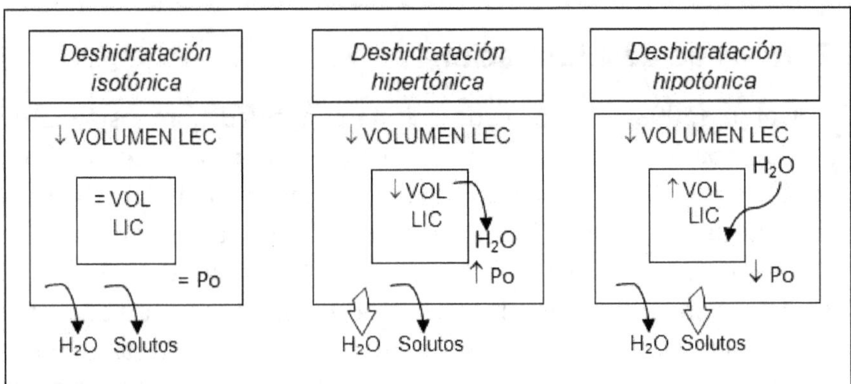


**Figura 6.** Hechos fisiológicos que caracterizan los distintos tipos de deshidratación (*Adaptado de: Mataix, 2008*).

En la tabla 10, puede verse un resumen de las consecuencias y causas potenciales de los distintos tipos de deshidratación.

Tabla 10. Tipos de deshidratación (Modificada de: Grandjean y Campbell, 2006 y Mataix, 2008).

| Tipo | Consecuencias | Causas potenciales |
|---|---|---|
| **Deshidratación isotónica** | Pérdida isotónica de agua y sal en el LEC.<br><br>No hay traspaso de agua osmótica de LIC. | Ascitis.<br>Procesos terapéuticos diuréticos.<br>Pérdidas de líquido gastrointestinal (diarrea).<br>Ingestión inadecuada de líquido y sales.<br>Quemaduras.<br>Fístulas.<br>Hemorragia. |
| **Deshidratación hipertónica** | La pérdida de agua es mayor que la pérdida de sales.<br>Traspaso osmótico de agua desde la célula hacia LEC. | Vómitos.<br>Pérdidas por sudor.<br>Diuresis osmótica.<br>Diarrea osmótica.<br>Ingestión inadecuada de agua. |
| **Deshidratación hipotónica** | Mayores pérdidas de sodio que de agua.<br>Traspaso osmótico de agua desde LEC hacia el interior de la célula. | Pérdidas de sudor o líquido gastrointestinal.<br>Tratamiento con tiazidas.<br>Reemplazo de los líquidos sin la correcta suplencia de $Na^+$ y $K^+$. |

## 3.3. Efectos generales sobre el organismo

Los efectos de la deshidratación sobre el organismo han sido suficientemente estudiados. Normalmente se gradúa a través del porcentaje de pérdida de PC (tabla 11), identificándose la sintomatología correspondiente a cada nivel de deshidratación. Se sabe que en condiciones de estrés térmico y/o físico, la evaporación de calor a través del sudor se convierte en el principal medio de pérdida de calor. Así, durante el ejercicio, sobre todo en climas cálidos, el trabajo muscular produce un aumento de la temperatura central. Para evitar un sobrecalentamiento, los fluidos se mueven desde el torrente sanguíneo a la piel, donde pueden evaporarse en forma de sudor, enfriando así el cuerpo. Por lo que es esencial mantener el volumen sanguíneo, mediante una correcta hidratación, para que la termorregulación sea óptima durante el ejercicio (Stachenfeld, 2013).

Tabla 11. Efectos generales de la deshidratación sobre el organismo, según el porcentaje de PC perdido y el PC del sujeto. (Casado et al, 2011; fuente original: Thompson et al. 2008).

| % Pérdida peso corporal | Peso perdido (72 - 75 kg) | Peso perdido (52 - 55 kg) | Síntomas |
| --- | --- | --- | --- |
| 1 - 2 % | 0,72 – 1,50 kg | 0,52 – 1,10 kg | Sed intensa, pérdida de apetito, malestar, fatiga, debilidad, dolores de cabeza |
| 3 - 5 % | 2,16 – 2,25 kg | 1,56 – 2,75 kg | Boca seca, poca orina, dificultad de concentración y en el trabajo, hormigueo extremidades, somnolencia, impaciencia, nauseas, inestabilidad emocional |
| 6 - 8 % | 4.32 – 6,00 kg | 3,12 – 4,40 kg | ↑Temperatura, frecuencia cardiaca y respiración, mareos, dificultad para respirar y para hablar, confusión mental, debilidad muscular, labios azulados |
| 9 - 11 % | 6,48 – 8,25 kg | 4,68 – 6,05 kg | Espasmos musculares, delirios, problemas de equilibrio y de circulación, lengua hinchada, fallo renal, disminución del volumen sanguíneo y en la presión arterial. |

## 3.4. Efectos en las funciones cognitivas

El estudio de las funciones cognitivas en relación al estado de deshidratación ha suscitado un interés especial desde hace algunos años. En la década de los ochenta, Epstein et al. (1980) estudiaron cómo afectaban distintas cargas de calor sobre el nivel de vigilancia y las tareas cognoscitivas complejas involucradas en una actividad de intensidades diferentes. Los resultados indicaron que la actuación psicomotora se deterioraba antes que los parámetros fisiológicos. Sharma et al. (1986), con el fin de determinar el efecto de la pérdida de PC en las funciones mentales y coordinativas, determinaron que a partir del 2-3% de deshidratación se veían comprometidas las funciones mentales. Gopinathan et al. (1988) hallaron que una deshidratación entre el 1 y el 4% inducida por ejercicio con calor, producía alteraciones en la percepción viso-motriz, la memoria a corto y largo plazo, la atención y la eficacia aritmética. En concreto, se observó una reducción de la memoria a corto plazo con una deshidratación del 2% o más, así como de la atención, la eficacia aritmética y la percepción viso-motriz.

Cian, Barraud, Melin y Raphel (2001), al estudiar los efectos de exposición al calor, la deshidratación inducida por el ejercicio y la ingestión de fluido sobre la actuación cognoscitiva, encontraron que se dañaban las habilidades cognoscitivas (es decir, la discriminación perceptiva y la memoria a corto plazo), así como las estimaciones subjetivas de fatiga. Ritz y Berrut (2005) comprobaron que incluso una deshidratación moderada, en adultos saludables, produce daños en procesos importantes de la función cognoscitiva como pueden ser la concentración, la vigilancia y la memoria a corto plazo. Para Szinnai, Schachinger, Arnaud, Linder y Keller (2005), la función cognoscitivo-motriz se conserva durante la restricción de agua en los humanos jóvenes en un nivel de deshidratación moderada, equivalente al 2,6% de pérdida de PC y, además, en relación con la variable género, el tiempo de reacción en condiciones de privación de agua era mayor en las mujeres. D'Anci, Constant y Rosenberg (2006) expusieron que pueden producirse alteraciones significativas en la función cognoscitiva en los adultos jóvenes con un nivel de deshidratación leve, del 1 al 2 % de pérdida de PC.

Ante la cuestión de si existe relación entre la deshidratación y la conmoción cerebral, dado que son relativamente comunes en el rendimiento deportivo, en opinión de Patel, Mihalik, Notebaert, Guskiewicz y Prentice (2007), la deshidratación se traduce en un deterioro de la memoria visual y aumento de la fatiga, pero no afecta a otras medidas de pruebas objetivas de estabilidad neuropsicológica y postural de conmoción cerebral.

Baker, Conroy y Kenney (2007) se centraron en los efectos de la deshidratación en la vigilancia atencional en jugadores de baloncesto, concluyendo que la adecuada hidratación permitía un mantenimiento en la concentración y la realización de las tareas. Para ellos la reposición de fluidos es esencial en deportes de alto contenido dinámico.

Debido a la escasa información sobre la problemática que supone adquirir la adhesión necesaria para llevar a cabo un programa de ejercicio y salud y estado físico general, Peacock, Stokes y Thompson

(2011) estudiaron las respuestas asociadas a una sesión típica de ejercicios recreativos en adultos sanos, determinando que los que iniciaron sus sesiones en estado de hipohidratación manifestaron más cambios psicológicos negativos en respuesta a su siguiente período de sesiones que los sujetos que se ejercitaron en euhidratación.

Posteriormente, se produjo un debate sobre si la deshidratación leve tenía un efecto significativo sobre los aspectos de la función cognitiva. Gran parte de la incertidumbre era resultado de los estudios mal diseñados, por confusión a la hora de elegir los métodos para inducir la deshidratación o por extraer medidas insensibles de la función cognitiva.

Este era el estado de pensamiento de Ganio et al. (2011) cuando realizaron un estudio que evaluó los efectos de la deshidratación leve en el rendimiento cognitivo y el estado de ánimo de los hombres jóvenes. Los resultados revelaron que la deshidratación leve sin hipertermia en los hombres induce cambios adversos en la vigilancia y la memoria de trabajo y, además, el aumento de la tensión, ansiedad y fatiga. Los autores advierten que aunque los efectos sobre los estados de rendimiento cognitivo y los estados de ánimo son generalmente pequeños, pueden ser suficientes para tener consecuencias funcionales importantes durante los períodos en los que se sufra estrés. Opinión que también comparten Meeusen y Decroix (2018).

En la misma línea, Adan (2012) admite que la deshidratación, aunque sea leve, no es una condición deseable porque hay un desequilibrio en la función homeostática del medio interno, pudiendo afectar negativamente el rendimiento cognitivo de toda la población. Afirma que estar deshidratado tan sólo -2% PC perjudica el rendimiento en tareas que requieren atención, psicomotricidad y habilidades de la memoria inmediata.

Coincidiendo con los anteriores autores, pero con un enfoque mucho más crítico, Sécher y Ritz (2012) sólo sostienen que existe un vínculo entre la clínica severa de deshidratación y el rendimiento cognitivo. En general, opinan que, por la heterogeneidad metodológica en los estudios, no pueden apoyar la relación entre la deshidratación leve y el rendimiento cognitivo.

Ely, Sollanek, Cheuvront, Lieberman y Kenefick (2013) abordaron un complejo estudio cuyo propósito era determinar el impacto de la exposición aguda a una gama de temperaturas ambiente (10-40ºC) en hipohidratación y euhidratación sobre la cognición, el estado de ánimo y el equilibrio dinámico. Los resultados demostraron la resistencia cognitiva en respuesta a los déficits de fluidos corporales. Igualmente, para MacLeod, Cooper, Bandelow, Malcolm y Sunderland (2018), la hipohidratación no parece afectar el rendimiento cognitivo en jugadores de hockey de élite. Sorprendentemente, Irwin, Campagnolo, Iudakhina, Cox y Desbrow (2018) nos informan que el ejercicio aeróbico, la hipohidratación o una interacción entre estos dos, en atletas bien entrenados, pueden proporcionar un pequeño beneficio de rendimiento cognitivo. Sin embargo, estos efectos son temporales y se limitan al período inmediatamente posterior al ejercicio.

En general, se acepta la opinión de Aranceta et al. (2016):

*"el consumo de agua afecta la estructura y las funciones del cerebro y tal vez el rendimiento cognitivo, particularmente cuando involucra habilidades motoras. Un mejor estado de hidratación podría ayudar a mejorar estado de ánimo, atención y niveles de concentración mental" (p. 2).*

Recientemente, Wittbrodt y Millard-Stafford (2018), tras una ardua revisión, a pesar de la variabilidad entre los estudios, concluyen que la deshidratación afecta el rendimiento cognitivo, particularmente en tareas que involucran atención, función ejecutiva y coordinación motriz cuando los déficits hídricos superan el 2% de pérdida de masa corporal.

En el ámbito infantil, para D'Anci et al. (2006) la deshidratación aparece asociada a confusión, irritabilidad y letargo, pudiéndose producir decrementos en la actuación cognitiva. Jacques (2012) indica que la ingesta pobre de líquidos puede afectar el funcionamiento cognitivo de los niños.

Por otro lado, en el contexto puramente académico, Perry, Rapinett, Glaser y Ghetti (2015), en un estudio con niños de 9-12 años, han comprobado que una hidratación adecuada en el tiempo puede ser clave para la mejora del rendimiento cognitivo de los niños, y que los cambios en el estado de hidratación a lo largo del día pueden afectar el rendimiento cognitivo con implicaciones para el éxito en el aprendizaje en el aula.

Ante la cierta confusión sobre los resultados y los matices entre ellos de los estudios sobre deshidratación y su incidencia sobre los aspectos cognitivos, ofrecemos en la figura 7 una síntesis cronológica de ello.

---

**EVOLUCIÓN DE LOS ESTUDIOS DE LA INCIDENCIA DE LA DESHIDRATACIÓN SOBRE LAS FUNCIONES COGNITIVAS**

**A partir de los años 80:**
*"SE CONSTATA LA INCIDENCIA"*

Epstein et al. (1980), Sharma et al. (1986), Gopinathan et al. (1988)

**Primera década S. XXI:**
*"PLANTEAMIENTO DE LOS EFECTOS DE LA DESHIDRATACIÓN LEVE"*

Ritz y Berrut (2005), Schachinger et al. (2005), D'Anci et al. (2006), Ganio et al. (2011), Adan (2012)

**Segunda década S. XXI:**
*"SE CUESTIONA LA INCIDENCIA DE LA DESHIDRATACIÓN LEVE"*

Sécher y Ritz (2012), Ely et al. (2013), MacLeod et al. (2018), Campagnolo et al. (2018), Wittbrodt y Millard-Stafford (2018)

**En la infancia:**
*"¡ALERTA ANTE LA DESHIDRATACIÓN!"*

D'Anci et al (2006), Jacques (2012), Perry et al. (2015)

---

**Figura 7.** Síntesis cronológica de la evolución de los estudios de la incidencia de la deshidratación sobre las funciones cognitivas.

## Capítulo 4

# Deshidratación Y Actividad Físico-Deportiva

## 4.1. Introducción

Iniciamos este apartado delimitando los términos más empleados en esta materia, dado que por su sutil semántica pudiesen prestarse a interpretaciones erróneas. Para ello contamos con el último pronunciamiento de la ACSM, realizado por Sawka et al. (2007): el término *euhidratación* se refiere al contenido de agua corporal considerado "normal"; los términos *hipohidratación* e *hiperhidratación* se refieren al contenido de agua corporal deficiente o en exceso fuera de las fluctuaciones normales, respectivamente; con el término *deshidratación* se hace referencia a la pérdida de agua corporal.

Antes de presentar la información específica de este apartado, conviene que distingamos las tres situaciones posibles en las que se pueden perder líquidos durante el ejercicio (Rosés y Pujol, 2006, p. 71):

1. En primer lugar, la deshidratación aparece cuando la pérdida de líquido a consecuencia del ejercicio excede la ingesta de líquido.

2. En segundo lugar, la hipohidratación ocurre cuando los individuos se deshidratan antes del inicio de una competición debido a una restricción de la ingesta de líquido, práctica de un ejercicio de precalentamiento, uso de diuréticos o exposición a sauna.

3. Por último, la hiponatremia aparece como resultado de la práctica de un ejercicio prolongado con abundante sudoración y una ingesta excesiva de líquido, superior a la pérdida por el sudor y la orina, o por la ingesta de líquidos con bajo contenido en sodio.

Conviene apuntar que a partir de una reducción de al menos el 1% del PC, el deportista entra de forma paulatina en un proceso de deshidratación (Kleiner, 1999).

## 4.2. Influencia de los factores ambientales

En el ámbito de la actividad física y el deporte, a simple vista, parece clara la relación existente entre el estado de deshidratación y las condiciones ambientales (figura 8). El intercambio de calor entre la piel y el ambiente se ve afectado por las propiedades físicas marcadas por la temperatura ambiente, la humedad, el movimiento del aire, la radiación del cielo y la tierra y la vestimenta o equipación (Casa et al. 2005).

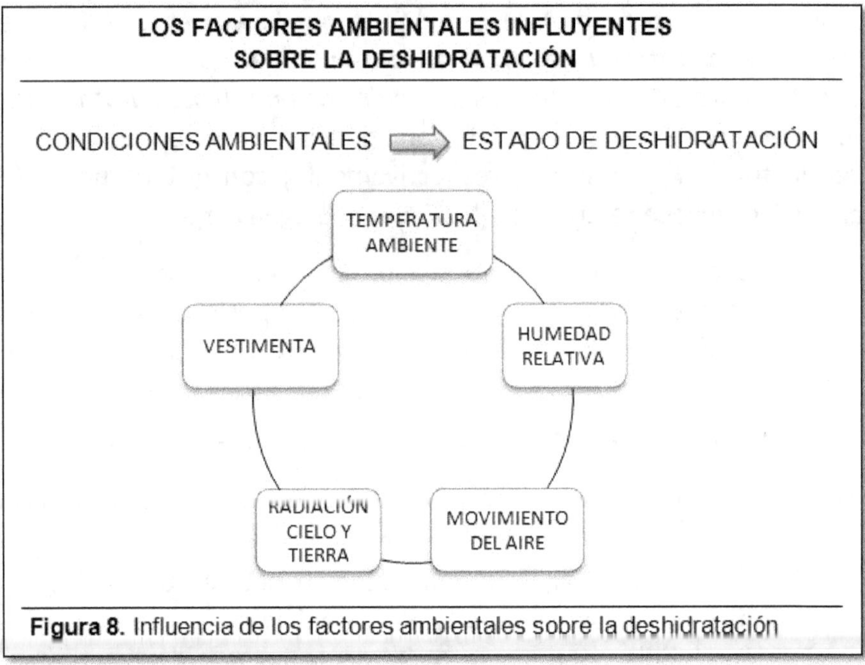


**Figura 8.** Influencia de los factores ambientales sobre la deshidratación

En opinión de Sawka et al., 2007, los principales factores ambientales que afectan sobre la deshidratación deportiva son la Tª y la humedad relativa (HR) del mismo. El clima cálido aumenta el porcentaje de deshidratación, pero si este clima cálido va acompañado de una mayor humedad del ambiente, aumenta el riesgo de acumulación interna de calor. Del mismo modo, si el clima cálido va acompañado de una baja humedad ambiental el mayor riesgo es la deshidratación y pérdida de electrolitos.

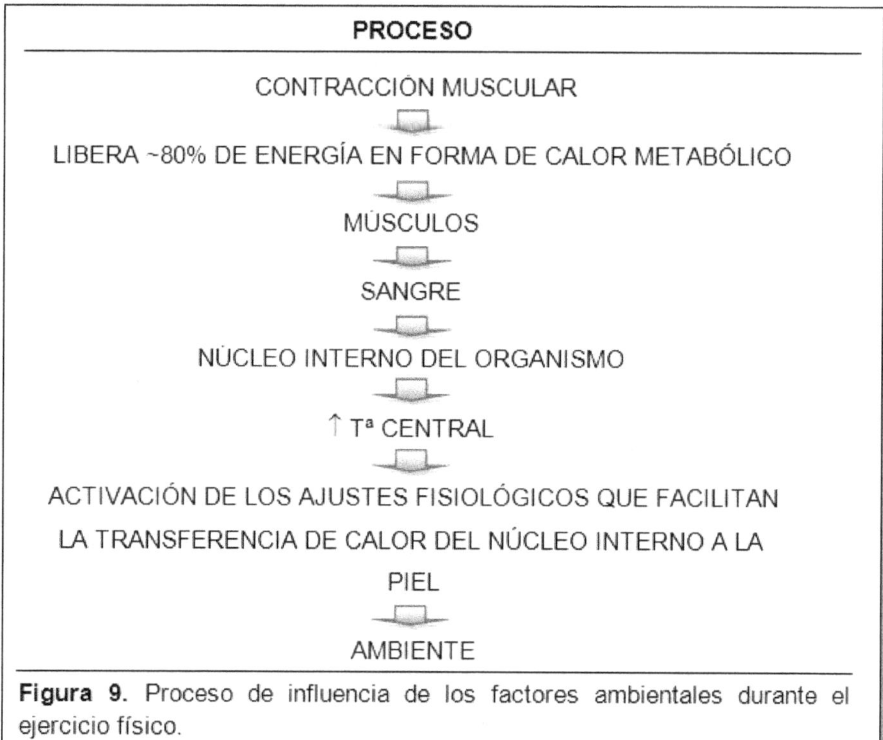



**Figura 9**. Proceso de influencia de los factores ambientales durante el ejercicio físico.

Dado que hacer ejercicio en un entorno cálido induce la termorregulación y otras tensiones fisiológicas que pueden conducir a deficiencias en la capacidad de ejercicio de resistencia, Racinais et al. (2015) ofrecen unas recomendaciones actualizadas de consenso para el entrenamiento y competición:

- La intervención más importante que se puede adoptar para reducir la tensión fisiológica y optimizar el rendimiento es aclimatarse al calor. Para ello debe incluir exposiciones reiteradas de ejercicio y calor durante 1 a 2 semanas.

- Iniciar la competición o entrenamiento en un estado euhidratado y minimizar la deshidratación durante el ejercicio.

- Los deportistas pueden implementar estrategias de enfriamiento para facilitar la pérdida de calor o aumentar la capacidad de almacenamiento de calor antes de entrenar o competir con temperaturas más elevadas.

- Los organizadores del evento deben planificar áreas sombreadas grandes, junto con instalaciones de refrigeración y rehidratación, y programar eventos de acuerdo con minimizar los riesgos de salud de los atletas, especialmente en eventos de participación masiva y durante los primeros días calurosos del año.

- Siguiendo los ejemplos recientes de los Juegos Olímpicos de 2008 y la Copa Mundial de la FIFA 2014, los organismos rectores del deporte deberían considerar permitir periodos de recuperación adicionales durante los eventos y oportunidades de enfriamiento corporal cuando las competiciones se celebran en el calor.

En cuanto a la HR, el otro agente incidente en la capacidad de ejercitación, Maughan, Otani y Watson (2012) han expresado que la capacidad de ejercicio a una intensidad moderada en un ambiente cálido se deteriora progresivamente a medida que la HR aumenta.

Otros estudios han constatado que la vestimenta puede ser un factor que acentúe la hipertermia y la deshidratación cuando se practica actividad física o deportes. Así, Hostler et al. (2010) lo comprobaron evaluando a bomberos interviniendo en actividades pesadas con la ropa de protección térmica; por su parte, Armstrong et al. (2010), confirmaron tal hipótesis comparando los efectos de practicar con todo el equipo de fútbol americano, con parte o con ropa deportiva ligera.

## 4.3. Efectos de la deshidratación en el organismo por ejercicio físico

En principio, presentamos los principales hitos científicos que han determinado los efectos más relevantes de la deshidratación en el organismo producida por el ejercicio físico.

Montain y Coyle (1992) ya anunciaron que durante un ejercicio de dos horas con una intensidad del 60 % $VO_{2máx}$, el aumento de la TªC y de la FC se relacionaba directamente con el porcentaje de deshidratación alcanzado durante el ejercicio.

Cheuvront y Haymes (2001), primero, y Coyle (2004), después, demostraron cómo una pérdida del 1% del PC puede aumentar la FC de 5 a 8 latidos por minuto (lpm), disminuyendo significativamente el volumen sanguíneo, y, por tanto, provocar un aumento de la TªC de 0,2 a 0,3ºC.

Por otro lado, Cheuvront et al. (2003), Casa et al. (2005) e Institute of Medicine (2005), concluyeron que si la deshidratación supera la pérdida del 2% del PC, disminuiría el rendimiento cognitivo y de la actividad aeróbica con Tª de templadas a cálidas. Así pues, parece ser que la cifra crítica a partir de la cual el grado de rendimiento va reduciéndose, se sitúa en la pérdida del 2% del PC por sudor y estará ligada a la Tª, el tipo de ejercicio y las características biológicas del individuo, principalmente la tolerancia a la deshidratación (aclimatación).

Confirmando que la deshidratación afecta negativamente, James, Moss, Henry, Papadopoulou y Mears (2017), han demostrado que el rendimiento del ejercicio en calor se ve afectado por la hipohidratación, incluso cuando los sujetos están cegados a la intervención, o sea, no participan activa y conscientemente en la rehidratación.

## 4.4. Efectos de la deshidratación sobre el rendimiento deportivo

Numerosos autores han investigado los efectos que la deshidratación puede provocar sobre el rendimiento y la salud de los deportistas. Murray (1996) aporta datos interesantes pero que se ciñen exclusivamente al apartado condicional y, en concreto, casi todos los efectos están relacionados con la cualidad de la resistencia: descenso de la capacidad de absorción de oxígeno y, en consecuencia, disminución del rendimiento en resistencia y de la capacidad de resistencia al agotamiento, ligera disminución de la potencia aeróbica y de la capacidad anaeróbica; respecto a la velocidad puede producir una disminución de la velocidad máxima y del tiempo de respuesta.

Sin embargo, para Wilmore y Costill (2010), los efectos de la deshidratación sobre el rendimiento en pruebas más breves y menos aeróbicas son menos sensibles. En los ejercicios que sólo duran unos segundos, el rendimiento no parece verse afectado. Aunque sin un consenso unánime de los investigadores, la mayoría de ellos están de acuerdo en que la deshidratación tiene un efecto mínimo sobre el rendimiento en las pruebas breves, explosivas o predominantemente anaeróbicas.

González-Alonso et al. (2004) indican que la pérdida del 3% del PC causa contracturas y calambres musculares y aumento del riesgo de lipotimia (TªC, 38ºC); la pérdida del 5% del PC ocasiona un mayor riesgo de lesiones musculo-tendinosas (TªC, 39ºC); la pérdida del 8% del PC provoca la contracción sostenida del músculo sin posibilidad de relajación (TªC > 39,5ºC); por último, la pérdida del 10% del PC comporta un riesgo vital.

Otros autores se han centrado en la incidencia sobre la musculatura, como Rosés y Pujol (2006), que resaltan cómo la estructura de las proteínas contráctiles y del colágeno se alteran debido al aumento de la temperatura muscular que genera la deshidratación, con el consiguiente riesgo de lesiones músculo-tendinosas.

Goulet (2012) apunta algunos hitos que pueden ayudar a que los atletas competitivos de resistencia desarrollen estrategias de hidratación que optimicen su rendimiento. Así, dado que el rendimiento de resistencia posterior puede disminuir con una pérdida de PC aguda antes del ejercicio del o por encima del 3%, se les recomienda iniciar el ejercicio bien hidratados. Si la actividad dura hasta una hora, la deshidratación no disminuye el rendimiento de resistencia y suele bastar con enjuagarse la boca, pero si excede de la hora (teniendo líquido fácilmente disponible), los impulsos de la sed maximizan el rendimiento de resistencia. En general, se recomienda programar la ingesta de líquidos para mantener una pérdida de PC en torno al 2-3%. Para Cosgrove et al. (2014), existe la necesidad de articular diferentes estrategias de ingesta de líquidos según el contenido de trabajo de las sesiones de entrenamiento. Para ellos, la ingesta de fluido parece diferir en función de la naturaleza de la sesión de ejercicio.

En la tabla 12, se ofrece un compendio de las conclusiones a las que han llegado distintos autores sobre estos efectos, relacionándolos con los porcentajes de pérdida del PC.

Tabla 12. *Relación entre el porcentaje de peso corporal perdido durante la práctica deportiva y efectos adversos en el rendimiento deportivo. Compilación de autores (adaptado de: Castillo, 2014, p. 27).*

| % pérdida de peso corporal | Efectos |
| --- | --- |
| 1% | **Incremento del trabajo cardiaco en calor** (Sawka y Coyle 1999) **y disminución del rendimiento aeróbico en climas cálidos** (Cheuvront et al., 2003; Casa et al., 2005; Institute of Medicine, 2005; Sawka et al., 2007).<br>**Umbral de la sensación de sed** (Iglesias et al., 2011). |
| 2% | **Sed más intensa, malestar vago, pérdida de apetito** (González y Villa, 2001; Iglesias et al., 2011).<br>**Descenso de la capacidad termorreguladora** (Barbany, 2002; Maughan y Gleeson, 2004a; Palacios et al., 2008).<br>**Disminución del rendimiento mental y cognitivo en ambientes cálidos o templados**. (Cheuvront et al., 2003; Casa et al., 2005; Institute of Medicine, 2005; Sawka et al., 2007). |
| 3% | **Disminución en el volumen sanguíneo (hemoconcentración)** (González y Villa, 2001).<br>**Aumento del riesgo de contracturas, calambres y lipotimias, y aumento de la temperatura corporal hasta 38ºC** (Barbany, 2002; Maughan y Gleeson, 2004; Palacios et al., 2008; Roses y Pujol, 2006).<br>**Reducción del tiempo de reacción, concentración y discriminación perceptiva** (Broad et al., 1996).<br>**Disminución del rendimiento de resistencia** (Goulet, 2012).<br>**Boca seca, incremento hemoconcentración, reducción de la excreción renal** (Iglesias, et al., 2011). |
| 4% | **Mayor esfuerzo para los trabajos físicos, náuseas, contracturas, cefaleas y disminución de la fuerza muscular** (Barbany, 2002; Maughan y Gleeson, 2004; Palacios et al., 2008).<br>**Reducción (20-30%) del rendimiento físico** (Iglesias et al., 2011). |

| % pérdida de peso corporal | Efectos |
|---|---|
| 5% | **Incremento temperatura corporal hasta 39º** (Barbany, 2002; Maughan y Gleeson, 2004; Palacios et al., 2008).<br>**Rápida disminución del rendimiento** (Sawka et al., 2007).<br>**Alto riesgo de lesiones músculo-tendinosas** (Barbany, 2002; Maughan y Gleeson, 2004; Palacios et al., 2008).<br>**Dificultad de concentración, impaciencia** (Iglesias et al., 2011). |
| 6% | **Disminución y fallo de los mecanismos de termorregulación** (González y Villa, 2001; Palacios et al., 2011) **y una deficiente coordinación motriz** (González, Sánchez y Mataix, 2006).<br>**Incremento ritmo respiratorio durante el ejercicio y hormigueo en extremidades** (Iglesias et al., 2011). |
| 7% | **Posible colapso si el ejercicio se combina con calor** (Iglesias et al., 2011). |
| 10% | **Riesgo vital** (González-Alonso et al., 2004). |

## Capítulo 5

# Revisión Sobre Deshidratación y Actividades Físico-Deportivas

## 5.1. Introducción

En este capítulo se pretende revisar los estudios más relevantes sobre la deshidratación en actividades físico-deportivas (haciendo hincapié en los deportes convencionales pero, sin dejar a un lado actividades físicas de relevancia social). Basándonos en el esquema clásico que distingue entre deportes individuales y colectivos, hemos seguido un guión marcado por los focos de estudio más transcendentes de cada actividad o deporte.

Es previsible anticipar que no vamos a abarcar la totalidad de estudios que existen sobre esta amplia temática, pero si podemos adelantar que reflejan lo más significativo, dejando un rastro que puede seguirse si se desea profundizar.

## 5.2. Deportes individuales

El carácter intrínseco de estas actividades, en las que el individuo carga continuamente con el esfuerzo frente a las de carácter colectivo, les confiere una mayor susceptibilidad a la deshidratación. Ello ha provocado una gran atención en el estudio de causas y modos de prevenirla.

### 5.2.1. Deportes de esfuerzos prolongados

Se puede considerar que las actividades físicas y deportes que contienen altas exigencias de la resistencia predominantemente aeróbica, están sometidas a una mayor influencia negativa en el rendimiento por deshidratación.

Los focos de estudio principales en estas modalidades son:

- Cambios de composición corporal y del estado deshidratación.

- Deshidratación progresiva sobre el metabolismo del músculo esquelético.

- Concentración de Na+ en sangre.

Veamos, a modo de ejemplo, los resultados de algunos estudios realizados en estas modalidades deportivas.

O'Brien, Freund, Sawka, McKay, Hesslink y Jones (1996), para cuantificar la magnitud de la deshidratación, examinaron la composición corporal, el ACT, así como la sangre y otros parámetros urinarios. Estos últimos indicaron, junto con los sanguíneos, que a pesar de la disminución del ACT no se produjo deshidratación, sugiriendo que en clima frío el ejercicio en el **terreno militar**, a pesar de los niveles de actividad alta y de un balance energético negativo, el balance de fluidos corporales puede mantenerse cuando se presta especial atención a la ingesta de líquidos.

Stover, Petri, Passe, Holwild, Murray y Wildman (2006a) midieron la gravedad (densidad) específica de la orina (USG) antes y después del ejercicio en una amplia muestra de **deportistas recreativos** y su relación con factores como la hora del día, la ubicación geográfica y el género. A pesar de las distintas climatologías, no se encontraron diferencias en las medias de USG en relación con la ubicación geográfica o la hora del día. Sobre la base de las normas utilizadas para los atletas, el 46% de los deportistas se encontraban en los valores establecidos para atletas por distintas asociaciones norteamericanas (USG ≥ 1,020 g/L).

Sobre **deportes y actividades de ultra-resistencia**, acerca de los trabajos realizados con sujetos en condiciones climáticas extremas, Hackney, Coyne, Pozos, Feith y Seale (1995) trataron de identificar los índices de orina y sangre del estado de deshidratación durante una expedición en alta montaña en la zona sub-ártica, donde se realizaban tramos de *esquí* durante 10-15 horas y tareas con cargas pesadas. Los parámetros urinarios medidos fueron la USG y la osmolalidad de la orina (Uosm) y en las medidas post-expedición se encontraron aumentos significativos en ambos parámetros.

Los *corredores de resistencia* tienden a no satisfacer sus necesidades energéticas, lo que se traduce en un descenso de su rendimiento (Glace, Murphy y McHugh, 2002), pero observando las directrices generales de consenso para el rendimiento de resistencia, se pueden mantener estables los niveles de nutrición e hidratación salvaguardando su rendimiento (Dempster, Britton, Murray y Costa, 2013).

Knechtle, Duff, Schulze y Kohler (2008) realizaron un estudio sobre las variaciones del ACT en 10 sujetos participantes en una Carrera de 17 días y 1200 kms, evaluando el estado de hidratación a diario a través de la USG, obteniendo unos valores medios pre-actividad de 1,013 ± 0,007 g/L. Se constató que al sexto día de carrera había incrementado su valor medio a 1,023 ± 0,005 g/L. Knetchle, Knetchle, Kaul y Kohler (2009b) evaluaron el estado de hidratación en 16 nadadores masculinos de ultrarresistencia que participaron en un evento de 12 horas de duración, encontrando valores medios de USG pre-actividad de 1,020 g/L y de 1,010 g/L post- actividad, lo que sugiere que los competidores emplearon las técnicas adecuadas de rehidratación durante la prueba. Knetchle, Baumann, Wirth, Knechtle y Rosemann (2010a), con una muestra de triatletas no profesionales, encontraron valores similares (pre-actividad: 1,010 g/L; post-actividad: 1,022 g/L). También Knetchle, Knetchle, Rossemann y Senn (2009) determinaron, en una muestra de ciclistas de montaña de ultra-maratón, que se producía un incremento de un 0,4 % de la USG, concluyendo que se producía pérdida de masa corporal y esquelética pero no deshidratación. Knechtle, Knechtle, Rosemann y Oliver (2010b), en un estudio con 53 participantes en un triple Iron Man en Alemania, también evaluaron el estado de hidratación pre y post actividad a través de la USG, obteniendo pre:1,013 ± 0,007 g/L y post: 1,017 ± 0,007 g/L. Posteriormente, Knechtle et al. (2011), utilizaron, entre otras medidas, la USG en corredores de ultrarresistencia, obteniendo un aumento de sus valores desde 1,012 a 1,022 g/L. Weitkunat, Knechtle, Knechtle, Rast y Rosemann (2012) han descrito diferencias entre hombres y mujeres nadadoras de ultra-resistencia en aguas abiertas en los cambios de composición corporal y el estado deshidratación.

En **triatletas** Ironman se ha observado una relación lineal entre los cambios porcentuales de PC y la [Na⁺] en suero, pero no con las Tª más altas (Sharwood, Collins, Goedecke, Wilson y Noakes, 2002), así como que parecen ser bien toleradas las condiciones cálidas (Laursen et al., 2006). Se sabe que se pierde, además de masa grasa, masa muscular esquelética, posiblemente debido a un agotamiento del glucógeno muscular intramiocelular almacenado y de los lípidos (Knechtle, Baumann, Wirth, Knechtle y Rosemann, 2009a; Knechtle, Wirth, Knechtle, Rosemann y Senn, 2011; Mueller, Anliker, Knechtle, Knechtle y Toigo, 2013). Se ha comprobado que el aumento del ritmo supone elevar la TªC, que conlleva a una disminución de la [Na⁺] en sangre, que suele preceder a la aparición de calambres musculares (Laursen, Watson, Abbiss, Wall y Nosaka, 2009; Schwellnus, Drew y Collins, 2011).

En **ciclismo**, la deshidratación progresiva sobre el metabolismo del músculo esquelético se manifiesta en una peor oxidación de carbohidratos y glucogénesis muscular, quizá debido al aumento de la temperatura del músculo y del núcleo (Logan-Sprenger, Heigenhauser, Killian y Spriet, 2012).

## 5.2.2. Deportes de combate

En estos deportes, donde el PC marca la categoría de cada individuo para competir, existe la exigencia de intentar hacerlo en la de más bajo peso, por razones obvias. Ello supone tener que aplicar estrategias de ajuste de PC, que en ocasiones pueden producir eventos adversos innecesarios para la salud. Quizá el método más usado para reducir el PC antes del pesaje previo obligatorio (24 horas antes de la competición) sea el de la eliminación de líquidos corporales, provocando el consiguiente estado de deshidratación. Esta situación, por los riesgos sobre la salud que conlleva, ha generado una buena cantidad de estudios.

Los focos de estudio principales en estas modalidades son:

- Exactitud de las pruebas de detección y cuantificación de la deshidratación.

- Excreción de electrolitos urinarios.

Para determinar la exactitud de las pruebas de hidratación en la detección y cuantificación de la deshidratación hipertónica, debido a que a veces se violan los supuestos utilizados en su evaluación en *luchadores* federados, Bartok, Schoeller, Sullivan, Clark y Landry (2004) evaluaron a veinticinco luchadores masculinos, en condiciones bien controladas de euhidratación y deshidratación, a través de la restricción de líquidos, alimentos y ejercicio físico, en un ambiente caliente. El estudio concluyó apoyando una USG de corte de 1,020 g/L para la identificación de deshidratación hipertónica, e instando a que las investigaciones futuras deberían comprobar el punto de corte los valores establecidos en este estudio y explorar la relación entre la deshidratación y la proteína en la orina. Petterson y Berg (2014) han realizado un estudio para evaluar la prevalencia de la hipohidratación durante la competición entre los luchadores de élite en cuatro deportes de combate diferentes, y cómo el consumo de agua y el tiempo de pesaje oficial se relacionan con el estado de hidratación. Se llegó a la conclusión que los períodos desde el pesaje hasta la competición resultan insuficientes para compensar la deshidratación inducida previa al pesaje. Reale et al. (2018) han determinado que la "carga de agua" (consumo de grandes volúmenes de líquidos durante varios días antes de la restricción), parece ser un método seguro y eficaz de pérdida aguda de PC en las condiciones de este estudio.

Kutlu y Guler (2006) evaluaron el estado de hidratación durante un campamento de entrenamiento de luchadores de *taekwondo*. Se midieron la Uosm, la USG y el color de la orina (Ucol) en la primera muestra de la mañana, al inicio del campamento, 5 días más tarde y un día antes de la competición, así como también se midió la masa corporal. Un número significativo de los atletas acudieron ya en un estado de hipohidratación. No hubo diferencias significativas en ninguno de los parámetros de análisis de orina durante el estudio (P>0,05), y se consideró que cada uno de estos aportó esencialmente la misma estimación del estado de hidratación de los atletas.

Dado que el ejercicio físico induce a alteraciones hemodinámicas renales y estimula la excreción de electrolitos, Afshar, Sanavi y Nadooshan (2009) llevaron a cabo un estudio para evaluar la excreción de $Na^+$ y $K^+$ en competiciones de *karate*, tomándose muestras de sangre y orina antes y después de la competición. Determinaron que debido a la corta duración y la naturaleza anaeróbica del karate, parece que la competición no contribuye a una excesiva excreción de electrolitos urinarios.

Jetton et al. (2013) caracterizaron la magnitud de la deshidratación antes del pesaje y la ganancia aguda de peso previa a la competición de **artes marciales**. En general, los luchadores ganaron PC y la USG disminuyó significativamente durante el período de rehidratación de aproximadamente 22 horas. Ante esta situación, recuerdan que existen directrices de gestión de PC para evitar la deshidratación aguda en luchadores de artes marciales mixtas. En el citado estudio de Petterson y Berg (2014), encontraron que en la mañana del día de competición, el 89% presentaron hipohidratación (USG $\geq$ 1,020 g/L), y la hipohidratación grave (USG $\geq$ 1,030 g/L) fue frecuente. Un mayor consumo de agua, de líquidos y alimentos sólidos, en la noche antes del día de la competencia no se asoció con un estado de hidratación más favorable a la mañana siguiente.

### 5.2.3. Deportes de raqueta.

Los deportes de raqueta se caracterizan por compartir un modo de competición basado en períodos de juego intenso alternados con otros de descanso, permitiendo con ello la rehidratación. Pero tal situación, unida a la posible larga duración de los partidos y otras circunstancias influyentes, ha creado un escenario donde el estado de euhidratación se destruye con facilidad.

Los focos de estudio principales en estas modalidades son:

- Equilibrio de líquidos y electrolitos.
- Pérdidas de $Na^+$.
- Nivel de deshidratación.
- Eficacia de programas de IE.

Hornery, Farrow, Mujika y Young (2007) describieron las respuestas fisiológicas producidas durante los partidos de **tenis** en torneos internacionales en relación con las condiciones ambientales imperantes, las notaciones de los partidos y las habilidades que sustentan su desempeño. Se registró una USG media previa a los partidos de 1,022 $\pm$ 0,004 g/L, lo cual indica que los comenzaron en mal estado de hidratación. Concluyeron que las condiciones fisiológicas adversas pueden afectar al rendimiento.

Lott y Galloway (2011) evaluaron el equilibrio de líquidos, las pérdidas de Na⁺, y la intensidad del esfuerzo durante partidos de *tenis* en pista cubierta. Estos supusieron ejercicios de baja intensidad. Encontraron que los jugadores ingirieron suficiente líquido para reemplazar las pérdidas de sudor. Sin embargo, ante la amplia gama de datos obtenidos destaca la necesidad de orientar el reemplazo de fluidos de forma individualizada.

Con el propósito de identificar el nivel de deshidratación en jugadores de **bádminton** de élite, Abián-Vicén, Del Coso, González-Millán, Salinero y Abián (2012) hicieron un estudio en el que se analizaron setenta partidos del Campeonato Nacional de Bádminton Español, aplicándose un plan de ingesta individualizado. Los resultados revelaron que, en consonancia con la escasa TS, los jugadores se mantenían adecuadamente hidratados durante el partido, lo que condujo a un nivel de deshidratación bajo.

## 5.3. Deportes de equipo

Partimos de la consideración de que la dinámica general de participación de los deportistas de estas modalidades tiene, en muchos casos, particularidades que las diferencias de los deportes individuales: la actuación colectiva supone un reparto de labores/tareas; el enfrentamiento a otro colectivo implica depender de otros en los esfuerzos a realizar; la posibilidad de cambios altera la magnitud de estos esfuerzos; etc. Ello le confiere un modo de participación más aleatoria y compleja desde el punto de vista fisiológico, lo cual dificulta la posibilidad de controlar el nivel de hidratación del deportista.

En lo que se refiere a estudios realizados con deportistas de equipo, se han centrado fundamentalmente en:

- Deterioro de las destrezas motrices por deshidratación.
- Equilibrio de líquidos y electrolitos.
- Reposición de líquidos con carbohidratos.
- Deshidratación en periodos preparatorios (programas IE).
- Diferencias de deshidratación en entrenamiento y partido.

- Diferencias de deshidratación según tipo de sesión de entrenamiento.
- Planteamiento de estrategias para la mejora de la hidratación de los jugadores en competición.
- Percepción de una correcta hidratación individual de los jugadores.

Para Maughan y Shirreffs (2010a) las evidencias que sobre los efectos de la deshidratación pesan sobre los atletas de alta intensidad y los deportes con esfuerzos intensos repetidos para poder desarrollar estrategias para optimizar su rendimiento, invitan a considerar que una estrategia adecuada para beber tendrá en cuenta, a ser posible de forma individualizada, el estado de hidratación previo al ejercicio, de electrolitos y de sustratos necesarios antes, durante y después del ejercicio.

### 5.3.1. En general

Distintos autores (Abt, Zhou y Weatherby, 1998; Welsh, Davis, Burke y Williams, 2002), coinciden en que en los deportes de equipo puede existir un deterioro de las destrezas motrices con la deshidratación, afectando el rendimiento de los jugadores, especialmente en la fase final de los partidos.

### *Fútbol americano*

Godek et al. (2005), en un trabajo con jugadores de fútbol americano, evaluaron el estado de hidratación a través de diversos indicadores, entre ellos la USG y el $Na^+$ en orina, en la fase de pretemporada, en la cual los jugadores se ejercitaban dos veces al día, durante seis días, hallando valores progresivamente aumentados para la USG. En cuanto a la media diaria de $Na^+$ urinario, disminuyó desde el inicio hasta el día 2, permaneciendo baja en los días 3, 4 y 6. También Stover, Zachwieja, Stofan, Murray y Horswill (2006b) evaluaron el riesgo de déficit de líquidos en jugadores de fútbol americano de educación secundaria, cuando entrenaban dos veces al día, para lo cual se realizaron mediciones de la USG pre y post entrenamiento, durante cinco días, oscilando los valores hallados entre 1,022 a 1,024 g/L. Otra parte de la investigación consistió en la implementación de una estrategia de hidratación, con la que la media de la USG disminuyó de 1,021 a 1,016 g/L.

Como se sabe, en muchos casos, las pretemporadas (período preparatorio del plan anual de entrenamiento) de disciplinas de equipos deportivos de oposición/cooperación, se desarrollan con temperaturas templadas, a veces calurosas, y en algunas ocasiones muy calurosas (como es el caso de los países mediterráneos y zonas del continente americano). Sabiendo que los jugadores de fútbol americano pierden de 3,5 a 5 kg de PC durante los entrenamientos dobles (mañana y tarde) de pretemporada debido a la sudoración excesiva, la restitución de las pérdidas de líquido que eso supone parece difícil y, además, implica que probablemente, durante el período de entrenamientos, los deportistas estén hipohidratados. En este contexto, Godek, Godek y Bartolozzi (2005) describieron el estado de hidratación con jugadores universitarios, midiendo el PC, tomando muestras de sangre y orina antes y después de las prácticas en los días 2 al 8 del entrenamiento de la pretemporada. Asimismo, se recogieron muestras de referencia, previamente, estando los sujetos euhidratados. Los resultados que dieron el PC, el volumen plasmático, la USG y el Na en orina indican que los deportistas se deshidrataron a partir del segundo día de entrenamiento y así se mantuvieron hasta el octavo.

Godet et al. (2010b) comprobaron en equipos de fútbol americano que la [Na$^+$] en sudor y las pérdidas diarias de sodio variaban considerablemente, dependiendo de las diferencias en los esfuerzos que durante los entrenamientos marcan las distintas demarcaciones tácticas de los jugadores.

### *Rugby*

O'Hara, Jones, Tsakirides, Carroll, Cooke y King (2010), determinaron el estado de hidratación en jugadores de la Super Liga inglesa de rugby. Destaca que las pérdidas de masa corporal no se compensaron con una ingesta adecuada de líquidos. Los datos mostraron que la gran variabilidad inter e intraindividual recomienda una futura evaluación de carácter individual. En otro estudio, Hamouti et al. (2010) compararon índices urinarios en dos grupos: jugadores de rugby y corredores, realizando mediciones durante seis días. Los resultados mostraron que un alto porcentaje de jugadores de rugby podían ser catalogados como hipohidratados de forma errónea, determinando que la especificidad de la USG, como parámetro de medida, se reduce en los atletas con gran masa muscular. Intentando ir más allá, Lee et al. (2014), evaluaron el balance de líquidos y $Na^+$ en jugadores de rugby profesionales de primer nivel durante 4 semanas, distinguiendo entre partidos, entrenamientos de campo y gimnasio. Los resultados de la Uosm y el PC demostraron que los jugadores llegaron adecuadamente hidratados, que la ingesta de líquidos fue excesiva en comparación con la pérdida de líquidos y que algunos jugadores estuvieron en riesgo de desarrollar hiponatremia.

Love, Baker, Healey y Black (2018) al determinar los índices percibidos y medidos de jugadores profesionales de rugby del balance hídrico durante el entrenamiento, y la influencia de la estrategia de hidratación en el uso de parámetros derivados de la pérdida de PC, han advertido que tienen dificultad para percibir la ingesta de líquidos y la pérdida de sudor durante el entrenamiento. Asimismo, nos informan de que el uso de técnicas de monitorización de la hidratación no afectó el equilibrio hídrico antes o durante el entrenamiento.

### *Hockey*

MacLeod y Sunderland (2009), con el propósito de evaluar la pérdida de sudor, las prácticas de hidratación y los niveles de hidratación, 18 jugadoras de *hockey sobre hierba* de élite (selección de Inglaterra, Sub-21), fueron evaluadas de los cambios en el PC, completaron un cuestionario para evaluar los hábitos de hidratación y se les tomó muestras de orina antes y después de los partidos. Se comprobó que, con condiciones moderadas, sustituciones regulares y un sólido conocimiento de la práctica correcta de hidratación, el buen estado de hidratación se mantuvo a pesar de jugar dos partidos consecutivos.

El caso del *hockey sobre hielo* es, cuando menos, curioso. Por un lado, se desarrolla en un ambiente frío alejándolo de los factores que predisponen al efecto nocivo del calor y la deshidratación (puede ser este el motivo de la escasa atención que ha recibido en los estudios de investigación), pero, por otro, utilizan equipos de protección, múltiples capas de ropa y la intensidad de los esfuerzos pueden predisponer a estos deportistas a la disminución significativa en la hidratación y el aumento de la TªC central. Así, Batchelder, Krause, Seegmiller y Starkey (2010) realizaron un estudio con el que determinaron que, efectivamente, se produce hipohidratación durante los entrenamientos de hockey sobre hielo, dando lugar  a un aumento de la temperatura gastrointestinal y una pérdida de PC significativa. Pese a lo aparentemente contradictorio, alertan sobre la puesta en práctica de estrategias de prevención y de rehidratación para reducir de esta población la posibilidad de una enfermedad relacionada con el calor.

### Otros

Hamouti, Estévez, Del Coso y Mora (2007), en un estudio sobre el balance hídrico en jugadores de élite de cuatro deportes de equipo (*fútbol-sala, baloncesto, balonmano y voleibol*) tras un entrenamiento, obtuvieron porcentajes de pérdida de peso de 1,2 ± 0,3 % y una media de 800 ml de líquidos ingeridos.

El estudio que Osterberg, Horswill y Baker (2009) llevaron a cabo pretendía determinar la relación entre la USG previa al partido y el volumen de líquido consumido por los jugadores en un partido de *baloncesto* profesional (NBA). La USG se midió para cada jugador en 2 ocasiones, que tuvieron acceso *ad libitum* al líquido durante cada partido, y para evaluar la pérdida de sudor se les registró el PC antes y después de los partidos. Las conclusiones indican que aproximadamente la mitad de los jugadores comenzaron los partidos en un estado de hipohidratación, según lo indicado por USG. Por lo tanto, se destacó que las estrategias de hidratación, tanto antes y durante el partido, como la disponibilidad de bebidas y educación de los jugadores no estaban relacionadas con la respuesta que los jugadores ofrecen a esta problemática. Brandenburg y Gaetz (2012), evaluó el estado de equilibrio de líquidos de jugadoras de baloncesto femenino de élite antes y durante dos partidos internacionales, midiéndose el nivel de hidratación antes del partido por USG, el cambio en el PC, la ingesta *ad libitum* de agua o bebida deportiva y las pérdidas sudoríparas estimadas. Los autores concluyeron considerando que es posible que a las jugadoras que experimentaron los mayores niveles de deshidratación les supusiera algún grado de deterioro al jugar.

Por otro lado, Cunniffe, Fallan, Yau, Evans y Cardinale (2015) han constatado que las pérdidas de líquidos y electrolitos parecen condicionar la intensidad de los esfuerzos en **balonmano** competitivo femenino de élite.

## 5.3.2. Fútbol-sala

Llegado este punto creemos oportuno destacar un apartado específico dedicado al *fútbol-sala*, dadas las similitudes que comparte con el fútbol, y en el que la investigación se ha centrado en los siguientes focos de estudio:

- Deshidratación a través de la pérdida de PC.
- Deshidratación con programa de IE.
- Deshidratación por demarcaciones ocupadas en el terreno de juego.

Barbero, Castagna y Granda (2006) llevaron a efecto un estudio con un equipo profesional en partidos oficiales y nos ofrecen datos como (media ± SD): porcentaje de pérdida de PC (1,7 ± 0,5 %; con intervención: 1,1 ± 0,9 %; con ingesta *ab libitum*: 2,1 ± 0,7 %), TS (13,1 ± 5,4 ml/min = 0,8 ± 0,3 L/h), de lo que se desprende lo oportuno de ingerir cantidades determinadas de líquido para reducir la deshidratación manteniéndola en niveles leves.

Los estudios desarrollados en la Universidad de Murcia (UM) han supuesto aportaciones cuantitativas y cualitativas significativas sobre la deshidratación en el fútbol-sala. Así, García-Pellicer (2009) estudió la reposición hídrica y su efecto sobre la pérdida de PC y deshidratación en 12 jugadores sénior del equipo profesional ElPozo Murcia Turística Fútbol Sala, durante 6 jornadas consecutivas jugando en "casa", correspondiente a la temporada 2005/06 de la División de Honor de la LNFS. Considerando que la participación en el juego fue de (media ± SD) 50 ± 6 minutos, incluyendo 30 minutos de calentamiento, los resultados obtenidos fueron: PC perdido (801 ± 796 g), porcentaje de PC perdido (3,07 ± 0,89 %) e ingesta de líquidos (1539 ± 276 ml). La conclusión es clara: los jugadores terminaron los partidos en un nivel de deshidratación no recomendable deportivamente, no pudiendo compensarlo con una cantidad de ingesta adecuada. García-Jiménez y Yuste (2010), en un estudio muy parecido, en este caso con 9 jugadores, hallaron los siguientes resultados (media ± SD): % de PC perdido: 0,99 ± 1,12%, ingesta de líquido: 1635,21 ± 785,04 ml., TS: 43,83 ± 14,70 ml/min. García-Jiménez, Yuste, García-Pellicer y Hellin (2015), aplicando a todo el equipo un nivel correcto de ingesta de líquidos, registraron un déficit de masa corporal del 1,04%, lo cual no se considera que afecte a su rendimiento.

García-Jiménez (2009) reveló resultados relativos a las demarcaciones ocupadas en el terreno de juego: los porteros perdieron 1,02 ± 0,49 kg de PC (2,87 ± 0,70 % de PC), los defensas 0,45 ± 0,79 kg (2,55 ± 0,70 % de PC) y los delanteros 0,98 ± 0,80 kg (3,49 ± 0,87 % de PC). García-Jiménez, Yuste y García-Pellicer (2011) compararon la diferencia de deshidratación entre porteros y jugadores de campo, hallando que la deshidratación en porteros (1,27 ± 0,60% PC perdido) fue mayor que en los jugadores de campo (1,00 ± 1,15%). García-Jiménez, Yuste y García-Pellicer (2014) estimaron diferencias en el porcentaje de pérdida de PC entre defensas (0,59 ± 1,10%) y delanteros (1,23 ± 1,10%), también una diferencia significativa en la pérdida de sudor en relación con la posición de juego y, además, una correlación significativa entre el tiempo de juego y la pérdida de PC.

## 5.4. Actividades físico-deportivas en la infancia y adolescencia

En relación con la edad, los estudios sobre la deshidratación en la actividad física y el deporte se han centrado principalmente en adultos, aunque en la última década se le ha dedicado algo más de atención a la infancia y la juventud (Montfort-Steiger y Williams, 2007). En general, se han enfocado preferentemente en la composición de las bebidas para contrarrestar la deshidratación voluntaria propia de estas edades. Por otro lado, también se han abordado algunos estudios relacionados con los efectos que produce la IE sobre la deshidratación en niños y jóvenes, así como sobre la tolerancia al calor durante el ejercicio físico. En menor medida se han realizado investigaciones de campo, en deportes concretos, en los que se han estudiado variables específicas de deshidratación, muchas de ellas utilizando marcadores urinarios.

## 5.4.1. Composición y sabor de las bebidas

En la línea de investigaciones sobre composición y sabor de las bebidas, Meyer, Bar-Or, Salsberg y Passe (1994) estudiaron, con niños de 13 años de edad, los cambios en la sed de los niños y las preferencias de bebidas durante la hipohidratación inducida por el ejercicio y su rehidratación espontánea durante una recuperación de 30 minutos en la que tomaban bebidas de sabores distintos. Aunque se produjo una rehidratación completa con todas las bebidas, la magnitud fue mayor con mosto de uva y zumo de naranja que con agua y zumo de manzana.

También Wilk y Bar-Or (1996) evaluaron la influencia del sabor de las bebidas y su composición sobre el consumo voluntario y el estado de hidratación en doce niños que se ejercitaron de forma intermitente, donde tras cada descanso de 25 minutos tomaban tres bebidas diferentes. Los autores llegaron a la conclusión de que, si bien los aromatizantes añadidos al agua reducen la deshidratación voluntaria en niños, la adición de un 6% más de carbohidratos y de 18 mmol/L de ClNa la evita por completo.

Corroborando lo anterior, Wilk, Kriemler, Keller y Bar-Or (1998), volvieron a incidir en la prevención de la deshidratación y los resultados indicaron que el tomar bebidas con sabor a uva y con ClNa era suficiente para prevenir la deshidratación en los niños durante la exposición repetida al ejercicio físico en ambiente caluroso, atribuyendo este efecto a una posible combinación entre mecanismos fisiológicos y comportamentales.

Rivera-Brown, Gutiérrez, Frontera y Bar-Or (1999) determinaron que una bebida con sabor, más carbohidratos y electrolitos, previene la deshidratación voluntaria en niños entrenados aclimatados al calor haciendo ejercicio en un clima tropical, a pesar de sus grandes pérdidas de sudor. Sin embargo, en una investigación más reciente con niñas, Rivera-Brown, Ramírez-Marrero, Wilk y Bar-Or (2008) llegaron a la conclusión de que el sabor del agua y la adición de un 6% de HCO más 18 mmol/L de ClNa no impiden la hipohidratación leve en las niñas capacitadas, aclimatadas al calor, con altas TS, aunque existe una tendencia hacia una mayor retención de líquidos con la bebida ClNa.

Bergeron, Waller y Marinik (2006) compararon las diferencias de la ingesta de líquidos *ad libitum* entre una bebida al 6% de carbohidratos y electrolitos (CHO-E) y el agua, asociándolas con la TªC central y otras respuestas fisiológicas y perceptuales en tenistas adolescentes durante el entrenamiento en calor. Comprobaron que la TªC media en cada ensayo no se asoció con la ingesta de líquidos, retención de líquidos, pérdida de sudor o cambio porcentual de PC. Concluyeron que el consumo de una bebida de CHO-E *ad libitum* puede ser más eficaz que el agua para minimizar el déficit de fluidos y la media de las respuestas básicas de TªC durante el tenis u otro deporte similar en adolescentes.

Montfort-Steiger y Williams (2007) en una revisión nos informan de que la mayor parte de las recomendaciones de nutrición deportiva dadas a los niños y adolescentes atléticos están basadas en los hallazgos de adultos, debido a la deficiencia en la información específica de la edad en los atletas jóvenes. Al caracterizarse por estar en una etapa de resistencia a la insulina durante ciertos períodos de maduración, tener diferentes respuestas glucolíticas durante el ejercicio, una tendencia a una mayor oxidación de grasas durante el ejercicio y mostrar diferentes mecanismos de disipación de calor en comparación con los adultos, recomiendan que las bebidas deportivas pueden necesitar ser adaptadas para niños con necesidades específicas, en concreto referido a los carbohidratos.

Con la intención de determinar si el saborizante de las bebidas y su composición estimularían la ingesta de bebida voluntaria para prevenir la deshidratación y mantener  el rendimiento aeróbico, Wilk, Timmons y Bar-Or (2010) llevaron a cabo un estudio de laboratorio con 8 adolescentes varones de 13,7±1,1 años de edad, aclimatados al calor, que se ejercitaron en calor y encontraron que pueden medir adecuadamente la ingesta de líquidos, independientemente del tipo de bebida a su disposición, lo que redunda positivamente en la consistencia en el rendimiento del ejercicio aeróbico.

5.4.2. Intervención educativa relacionada con una correcta hidratación

En relación con la educación de niños y jóvenes en hábitos y comportamientos relacionados con una correcta hidratación, especialmente cuando realizan actividades físico-deportivas, Decher et al. (2008) observaron durante un campamento deportivo de 4 días que los 67 jóvenes (chicos y chicas) de entre 12 y 15 años se mantenían en un grado de deshidratación significativa y, también fue estadísticamente significativo (P<0,05), que los sujetos reconocían cuándo estaban haciendo una buena o mala hidratación. Los investigadores coinciden en que la hidratación en los campamentos de deportes de verano es una preocupación y deben hacerse esfuerzos especiales para ayudar a los jóvenes a desarrollar estrategias de hidratación.

McDermott, Casa, Yeargin, Ganio, López y Mooradian (2009) estudiaron las TS, el consumo de líquidos (CL) y la eficacia de una IE para jóvenes durante un campamento de fútbol americano, y encontraron que, aunque los sujetos se mantuvieron deshidratados durante el tiempo libre, las pérdidas de líquido se equipararon con el CL durante las actividades. Respecto a la IE, no reveló un claro cambio estable en el estado de hidratación.

Dado que la eficacia de la educación en la modificación de los comportamientos de hidratación en los atletas adolescentes no estaba clara para Cleary, Hetzler, Wasson, Salarios, Stickley y Kimura (2012), para dar más luz sobre esta situación compararon el efecto de una sesión de IE con el de una intervención de hidratación prescrita. Hay que decir que ninguno de las participantes experimentó deshidratación grave en cualquiera de las condiciones y que una sola sesión de IE no tuvo éxito en el cambio de comportamientos de hidratación. Sin embargo, la prescripción de un protocolo de hidratación individualizado mejoró la hidratación de los adolescentes entrenados en un ambiente cálido y húmedo.

Ante la escasez de estudios sobre la relación entre el estado de hidratación del niño en situaciones de la vida libre y su rendimiento físico, Kavouras et al. (2012) plantearon la hipótesis de que la facilitación de la toma de agua conduciría a una mejora significativa en las pruebas de campo. Por lo tanto, el propósito del estudio fue investigar el efecto de un programa de IE nutricional, enfatizando el consumo de agua en la prevención de la deshidratación y, además, estudiar los efectos de mejorar la hidratación en el rendimiento físico de los atletas jóvenes que se ejercitan con calor. Los resultados indicaron que el estado de hidratación mejoró significativamente en el grupo que recibió intervención, y que el rendimiento en una carrera de resistencia (tiempo de 600 metros) se correlacionó con los resultados del estado de hidratación. Así pues, mejorar el estado de hidratación por el consumo *ad libitum* de agua mediante un programa de IE puede aumentar el rendimiento en los jóvenes que se ejercitan en calor.

### 5.4.3. Tolerancia al calor

Sobre la tolerancia al calor de los niños, en un estudio que es prácticamente una isla en el tiempo de la investigación sobre este objeto de estudio, Bar-Or, Dotan, Inbar, Rotshtein y Zonder (1980) indagaron sobre la deshidratación en niños para determinar si se deshidrataban voluntariamente al ejercitarse en un clima con alta temperatura, y si tal deshidratación afectaba su bienestar y termorregulación. Se observó que los niños se deshidratan progresivamente mientras se ejercitan cuando no se les obliga a beber, concluyendo que, a iguales niveles de porcentaje, la pérdida de PC de los niños supone un mayor aumento de temperatura rectal que la de los adultos.

Bergeron (2009) advierte del desafío que supone para los jóvenes ejercitarse en ambientes calurosos con seguridad y eficacia, mayor aún cuando un joven atleta tiene que competir varias veces en el mismo día, con sólo un corto período de descanso entre rondas de juego, durante un torneo en clima cálido. Está demostrado que esta situación aumenta la tensión cardiovascular y térmica y la percepción de esfuerzo en actividades posteriores, además de poder disminuir el rendimiento y alterar el resultado de la competición. Termina reconociendo que los deportistas jóvenes son capaces de tolerar el calor y la realización razonablemente bien y con seguridad en una variedad de ambientes calientes si se preparan bien, administran la hidratación con criterio y tienen la oportunidad de recuperarse adecuadamente entre las competiciones.

En la misma línea, de Aragón-Vargas, Wilk, Timmons y Bar-Or O (2013) nos informan de que el PC de niños (9-13 años) y adolescentes (14-17 años), atletas de ambos sexos de Costa Rica, cambia durante una competición de triatlón con clima cálido, sin embargo, pueden tolerar de leves a moderados niveles de deshidratación sin efectos perjudiciales para la salud.

## 5.4.4. Actividades y deportes individuales.

Los primeros estudios que se realizaron en el ámbito de la actividad físico-deportiva los llevaron a cabo Zambraski et al. (1974; 1975), los cuales analizaron el estado de hidratación en luchadores de escuelas estatales, durante las temporadas de 1973 y 1974, utilizando para ello los siguientes indicadores urinarios: USG, Uosm, pH, $Na^+$ y $K^+$, así como proteínas y cetonas. Los resultados del perfil urinario confirmaron que los luchadores estaban en deshidratación tanto en el momento del pesaje como antes de iniciar la competición, y que tras la competición, la Uosm y la USG eran significativamente menores que en las mediciones de antes de ella, mientras que el pH se mantuvo sin cambios.

López (1997) estudió las repercusiones urinarias del ejercicio intenso (entrenamiento) en nadadores adolescentes (11-17 años). Del amplio espectro de medidas tomadas extraemos, en la tabla 13, los resultados que más nos interesan.

Tabla 13. *Valores bioquímicos urinarios: basales y postesfuerzo (Elaborado a partir de: López, 1997).*

| Parámetros | Basal | A los 30′ |
|---|---|---|
| $Na^+$ (mEq/min) | 0,09 ± 0,04 | 0,18 ± 0,17 |
| $K^+$ (mEq/min) | 0,019 ± 0,01 | 0,043 ± 0,02 |
| USG (g/L) | 1,017 ± 6,6 | 1,014 ± 9,2 |
| pH | 6,3 ± 0,7 | 6,1 ± 0,6 |

pH: ph de la orina; USG: densidad específica de la orina; $Na^+$: sodio de la orina; Uosm.: osmolalidad de la orina.

El estudio concluye considerando que en nadadores los cambios iónicos en la orina son menos manifiestos que en otros deportes, posiblemente debido a que la exposición al frío y la inmersión en agua producen un aumento relativo de volumen del líquido extracelular, que intensifica la pérdida de $Na^+$. Respecto al pH urinario, pese a que suele descender con el ejercicio respecto a la situación basal (Peter-Contesse et al., 1985), en su estudio no encontró cambios significativos en el mismo, encontrando un pH medio en el nivel de acidez.

Higham, Naughton, Burt y Shi (2009), compararon los niveles de hidratación de nadadores competitivos adolescentes con otros menos activos durante cuatro días seguidos. El análisis de orina reveló un constante déficit de líquidos (USG > 1,020 g/L; color de la orina ≥ 5) independientemente del grupo de actividad, sexo y día de la prueba (hipohidratación en 73-85% de las muestras). A pesar de la escasa pérdida de líquidos durante las sesiones individuales de entrenamiento (< 2% de masa corporal), este déficit aumentó significativamente las necesidades de líquidos para jóvenes nadadores durante el día escolar. Adams et al. (2016), tras un estudio con adolescentes (12,8 ± 2,3 años) nadadores durante un entrenamiento de dos horas, con disponibilidad de líquido *ad libitum*, han determinado un PC sin cambios y una valoración de la sed similar antes y después de la práctica, pero, curiosamente, la Uosm post-práctica se redujo significativamente en comparación con el valor de la práctica (630 vs 828 mmol/kg, p=0,001). Con esto alertan sobre los marcadores de hidratación de la orina después de la natación podrían reflejar con menos precisión el estado de hidratación.

Bergeron, McLeod y Coyle (2007) quisieron evaluar la TªC central, la pérdida de sudor, así como el estado de hidratación antes y después de jugar un campeonato nacional de tenis para jugadores adolescentes (13,9 ± 0,9 años) de élite en un clima cálido. Fueron examinados durante los individuales de primera ronda y cinco de esos mismos jugadores también fueron evaluados durante un mismo día en partido de dobles. La USG pre-individuales se asoció fuertemente (p=0,005) con la TªC final de los jugadores durante los partidos de dobles (4,37 ± 0,35 horas después de individuales), y la pérdida total de sudor tendía a ser mayor antes y durante los dobles, en comparación con los individuales. Para los autores, en este caso, los jugadores de tenis junior comienzan los partidos mal hidratados y a medida que avanzan los partidos (al crecer la tensión térmica), aumenta el riesgo de lesiones por calor.

Según Rivera-Brown y De Félix-Dávila (2012), los judocas adolescentes que entrenan en climas tropicales pueden estar en un continuo estado de deshidratación, debido a que con frecuencia limitan la ingesta de líquidos durante las sesiones diarias de entrenamiento para mantener o reducir su PC. Esto hizo que quisieran determinar su estado de hidratación antes, después y 24 horas más tarde de una sesión de entrenamiento para luego comparar entre los sujetos que, por la edad, estaban mediados la pubertad, (MP) y la pubertad tardía (LP). La única diferencia fue que MP perdieron menos PC que LP. Con estos datos del estado de hidratación, los autores admiten que se puede comprometer la calidad del entrenamiento y del bienestar general.

Rivera, Sánchez, Escalante y Caballero (2008) llevaron a cabo un estudio que se realizó con deportistas infantiles y juveniles, de 9 a 17 años, de uno y otro sexo, que realizaban un promedio de dos horas de entrenamiento diarias y pertenecientes a distintas disciplinas como esgrima, atletismo, fútbol, gimnasia, taekwondo y natación. Además de los parámetros propios del estado de deshidratación, se midieron también los conocimientos y actitudes de los sujetos acerca de los hábitos de hidratación. Los resultados mostraron valores promedio de USG de 1,030 ± 0,017 g/L para los niños, y de 1,018 ± 0,015 g/L para las niñas. El Ucol fue más oscuro en los niños que en las niñas. El estudio indicó la necesidad de que los niños posean un mejor conocimiento, hábitos y actitudes hacia el estado de hidratación y consumo de agua. Se comprobó que el 62,22% de la población estudiada no estaba en condiciones óptimas para llevar a cabo el entrenamiento, y el 57,77 % no poseían conocimientos, hábitos y actitudes adecuados sobre una adecuada hidratación.

Aragón-Vargas et al. (2013), en su estudio con niños y adolescentes costarricenses triatletas, obtuvieron un valor medio de USG post-actividad de 1,014 g/L, lo que indica que pueden tolerar de leves a moderados niveles de deshidratación sin efectos perjudiciales para la salud.

Wilk, Meyer, Timmons y Bar-Or (2014), con una muestra de 9 niños de 10 a 12 años, evaluaron los efectos de una deshidratación del 1 al 2% de pérdida de PC en un entrenamiento de ciclismo intermitente de alta intensidad, sometiéndose a tres sesiones con distinto grado de deshidratación. Los valores obtenidos para la USG antes de cada sesión (0% deshidratación: 1,015 ± 0,003 g/L; 1%: 1,013 ± 0,002 g/L; 2%: 1,015 ± 0,002 g/L).

Martínez (2015), ha estudiado los niveles de deshidratación alcanzados por un grupo de duatletas de ambos sexos en edad escolar (13 niñas y 8 niños de 11,2 ± 1,3 años de edad), durante una prueba no oficial compuesta por dos tramos de carrera y uno de ciclismo intercalado, mediante la utilización de parámetros urinarios. Los valores medios encontrados se sitúan dentro de los establecidos por diversos autores como umbral de la deshidratación, aunque se aprecia una tendencia hacia la deshidratación. A continuación, en la tabla 14 reproducimos los resultados de las distintas variables urinarias obtenidos antes y después de la prueba.

Tabla 14. *Resultados de las variables urinarias registradas antes y después de una prueba de duatlón en niños-as (Elaborado a partir de: Martínez, 2015).*

| Variables | Antes | Después |
|---|---|---|
| pH | 5,66 ± 0,45 | 5,38 ± 0,38 |
| USG (g/L) | 1,011 ± 0,004 | 1,019 ± 0,005 |
| $Na^+$ (mmol/L) | 25,23 ± 16,31 | 79,04 ± 58,38 |
| Uosm (mOsm/kg) | 182,47 ± 64,43 | 471,23 ± 267,18 |

pH: ph de la orina; USG: densidad específica de la orina; $Na^+$: sodio de la orina; Uosm.: osmolalidad de la orina.

Arnaoutis et al. (2015), han estudiado el estado de hidratación de atletas jóvenes de élite de diferentes deportes (baloncesto, gimnasia, natación, correr y piragüismo), durante un día normal de entrenamiento (~90 min.), pudiendo consumir líquidos *ad libitum* a lo largo de su práctica. La toma de datos se llevó a cabo en el mismo momento del día, con la misma Tª y la HR media en el momento de las mediciones. Concluyeron que la prevalencia de la hipohidratación entre los atletas jóvenes de élite es muy alta, como indican los resultados de la USG (≥ 1,020) y los valores de Ucol (> 4). La mayoría de los atletas estaban hipohidratados durante todo el día y aún más durante la práctica a pesar de la disponibilidad de fluido.

## 5.4.5. Actividades y deportes colectivos

En el ámbito de los deportes de equipo, Decher et al. (2008), durante un estudio realizado con niños y niñas de 12 y 13 años, comprobaron que los valores medios de la USG y de la Uosm, tomada en las dos sesiones diarias de entrenamiento, oscilaban desde un grado mínimo a un grado moderado de deshidratación, si bien los niños/as, a través de una autoevaluación y un cuestionario tenían conocimiento de cuándo estaban realizando el trabajo bien hidratados y cuándo no.

Contamos con algunos estudios con jugadores adolescentes de fútbol americano: para determinar el impacto de una estrategia de ingesta de líquido aguda sobre la consistencia de la alta densidad de la orina cuando llevaban a cabo entrenamientos dobles, Stover et al. (2006b) sometieron a los jugadores a un protocolo agresivo de ingesta de agua durante un período similar de entrenamiento, con el que se había constatado su estado de deshidratación continuo. En relación con la estrategia, la media de PC aumentó (p<0,01) y la de USG disminuyó (p<0,01). Así, la implementación de una estrategia de beber pareció mejorar el estado de hidratación. McDermott et al. (2009) midieron, en una muestra de 33 niños en edad escolar, durante un campamento de fútbol, la Uosm, entre otros parámetros, hallándose valores promedio de 796 ± 293 mOsm/kg, concluyendo que llegaban al inicio del campamento en estado de hipohidratación, aunque los niños eran conscientes de cuándo realizaban una práctica bien hidratados. Yeargin et al. (2010) analizaron las respuestas de termorregulación e hidratación de jugadores aclimatados al calor durante 10 días de entrenamientos de pretemporada. El promedio de la Uosm indicó que los participantes experimentaron generalmente hipohidratación de mínima a moderada antes y después de cada entrenamiento, como resultado de la sustitución de aproximadamente dos tercios de sus pérdidas de sudor durante el ejercicio, pero inadecuada entre las prácticas. La edad no afectó a la mayoría de las variables, sin embargo, la TS fue menor en los participantes más jóvenes que en los participantes de mayor edad.

## Capítulo 6

# Revisión De La Valoración Del Estado De Hidratación En El Fútbol

## 6.1. Introducción

La trascendencia de este deporte a nivel mundial, la cantidad de individuos que lo practican y la aparente incidencia que la deshidratación supone sobre su rendimiento, debido a las características que lo definen, ha generado una producción científica nada despreciable. Estas causas han impulsado que se le haya dedicado un apartado propio que pretende ahondar sobre su conocimiento con la intención de se pueda ejercer un mayor control sobre la deshidratación producida en los futbolistas. Para facilitar su comprensión se ha expuesto en apartados según los distintos objetos de estudio sobre los que se han orientado las investigaciones.

Hay que hacer notar que los resultados de las investigaciones sobre esta temática no han pasado desapercibidos por las autoridades futbolísticas. En concreto, la FIFA, para la Copa Confederaciones celebrada en Brasil en 2013 aprobó la posibilidad de que los jugadores pudiesen hidratarse durante el partido. En previsión de una climatología adversa en algunos partidos que pudiese desvirtuar el resultado final (según las características del equipo y la adaptación que tengan a las altas temperaturas), se reglamentó que hubiese una parada de un minuto en cada tiempo una vez pasado el minuto 30 de cada periodo (Cuellar, 2014).

## 6.2. En adultos

El motivo de separar los estudios de los adultos de los de la infancia y adolescencia es doble; por un lado, por la diferencia de cantidad de estudios a favor de la edad adulta, que permite estructurar la información en distintos apartados frente a la escasez de los realizados en futbolistas en edad de formación, y por otro, para no caer en la tentación (tan habitual) de trasladar conclusiones extraídas de investigaciones con adultos al ámbito de la infancia y adolescencia, lo cual sería un error.

## 6.2.1. En general

El estudio de Maughan y Leiper (Fluid replacement requirements in soccer, 1995) puede ser el punto de inflexión en la investigación sobre hidratación y deshidratación en el fútbol, ya que establece con claridad sus propuestas globales sobre este tema, definiendo hacia dónde interesa enfocar los esfuerzos de la investigación futura. Así, en él informaban de que el fútbol es un deporte de resistencia con esfuerzos moderados intercalados con ráfagas intermitentes de alta intensidad, dando lugar a altas tasas de producción de calor metabólico. Para ellos, incluso en frío, se producirá una pérdida significativa de sudor, lo que lleva a un grado de deshidratación que perjudica el rendimiento. La ingesta de líquidos antes y durante el juego proporcionará agua para reducir el grado de deshidratación y también puede suministrar carbohidratos para complementar las limitadas reservas del cuerpo. Diluirlos con electrolitos en las bebidas es lo más eficaz para la rehidratación. La formulación óptima variará entre los individuos y también dependerá de las condiciones climáticas. Los jugadores deben ser alentados a experimentar con la ingesta de líquidos durante el entrenamiento para identificar el tipo de bebida y la cantidad y frecuencia de las bebidas que mejor se adaptan a sus necesidades.

Edwards y Noakes (2009) plantearon una cuestión que no ha pasado desapercibida en el mundo del fútbol: ¿es la deshidratación causa de la fatiga o signo de la estimulación en el fútbol de élite? Admitiendo que las actividades que exige el alto rendimiento en el fútbol de élite son una amenaza para la homeostasis, los niveles de deshidratación que han sido registrados en las investigaciones sobre el tema no suponen una alarma extrema, y esto es así porque un complejo sistema (central) metabólico de control asegura que nadie utilice al máximo el sistema fisiológico (periférico), con el cual los jugadores conductualmente modulan esfuerzos de acuerdo, a una estrategia subconsciente. En resumen, para ellos, la deshidratación es solamente un resultado del complejo control fisiológico (en funcionamiento en base a un plan de estimulación individual), y ningún factor metabólico por si solo es causa de la fatiga en el fútbol de élite.

Gatterer et al. (2011) han estudiado los cambios en el estado de hidratación de los jugadores de fútbol en el Campeonato de Europa de 2008. Se examinó la composición corporal se mediante análisis de impedancia bioeléctrica antes del campeonato y 36 horas después del primer y segundo partido. Los resultados mostraron disminución de la masa extracelular y la masa celular corporal, lo que indica la pérdida de líquidos.

López-Mata et al. (2012) evaluaron los cambios químicos y el sedimento urinario en futbolistas varones universitarios. Encontraron un aumento significativo en la USG y el pH al comparar el antes y el después de la competición. Los autores consideraron que estos cambios pudieron haber estado influenciados por un aumento en la reabsorción renal de líquidos.

En comparación con otros deportes colectivos (fútbol americano, rugby, baloncesto, tenis y hockey sobre hielo), Nuccio, Barnes, Carter y Baker (2017) informan que los estudios sobre fútbol revelan que los resultados de hipohidratación significativa son más consistentes (pérdida de PC>2 %), justificándolo por las menores oportunidades de beber.

## 6.2.2. Suplementos en las bebidas

Hawley, Dennis y Noakes (1994) informaron de que la suplementación con CHO durante los partidos de fútbol suponía ahorrar glucógeno muscular (39%), traduciéndose en poder recorrer mayores distancias en la segunda mitad de los partidos, en comparación con el consumo exclusivo de agua. Por lo tanto, la recomendaron para antes, durante y después de los partidos. Asimismo, consideraron que existía suficiente evidencia para recomendar sin reservas la incorporación de electrolitos a las bebidas que los jugadores ingieren durante los partidos con pérdidas de sudor < 4% del PC.

Más recientemente, un estudio de Kingsley, Peñas-Ruiz, Terry y Russell (2014), ha comparado los efectos de tres estrategias de hidratación con CHO sobre la concentración de glucosa en la sangre, el rendimiento físico y el estado de hidratación durante un partido de fútbol amistoso. Los investigadores concluyen que la combinación de la alta disponibilidad de carbohidratos con cafeína influye negativamente en el estado de hidratación en comparación con geles con solución de carbohidratos y electrolitos o geles con solución sólo de electrolitos, pero produjo una mejora en el rendimiento de velocidad y las concentraciones de glucosa en sangre elevados a lo largo de la primera mitad y en 90 minutos de ejercicio.

Harper et al. (2016) han investigado los efectos sobre el rendimiento de los geles de carbohidratos y electrolitos consumidos antes de la prórroga en un partido amistoso, y concluyen que la suplementación no atenúa las reducciones en el rendimiento físico y el estado de hidratación que se produjo durante la prórroga.

## 6.2.3. Efectos sobre la técnica

McGregor, Nicholas, Lakomy y Williams (1999) comprobaron cómo un estado de deshidratación inducido generaba déficits significativos sobre el rendimiento en pruebas técnicas en futbolistas semiprofesionales. Por los resultados de este estudio, los autores sugieren que los jugadores de fútbol deben consumir líquidos a lo largo de los partidos para ayudar a prevenir el deterioro en sus acciones técnicas.

Owen, Kehoe y Oliver (2013) realizaron un interesante estudio con el objetivo de examinar el efecto de la ingesta de líquidos y la deshidratación sobre la técnica del fútbol y el rendimiento en carrera intermitente de alta intensidad, después de 90 minutos de ejercicio intermitente (Prueba de Loughborough), y parece ser que la ingesta de líquidos durante la prueba limitó la deshidratación moderada y, por otro lado, los efectos sobre la técnica (pases y disparos) y el rendimiento en carrera intermitente de alta intensidad en un ambiente templado fueron inconsistentes.

## 6.2.4. En entrenamiento

Maughan, Merson, Broad y Shirreffs (2004b) evaluaron el equilibrio de líquidos durante una sesión de entrenamiento de pretemporada de 90 minutos en el primer equipo de un club de fútbol inglés de la Premier League. Los resultados indicaron que las pérdidas de sudor de agua y solutos fueron sustanciales, pero varían mucho entre los jugadores, incluso con el mismo ejercicio y condiciones ambientales. La ingesta de líquidos *ad libitum* también muestra una gran variabilidad inter-individual y es, por lo general, insuficiente para igualar las pérdidas de líquido.

Castro-Sepúlveda et al. (2015), partiendo de la hipótesis de la prevalencia de deshidratación que sufren los jugadores profesionales de fútbol antes de entrenar, testearon un total de 156 jugadores de seis clubes profesionales chilenos, con el objetivo de evaluar el estado de hidratación bajo condiciones "reales". No se hicieron recomendaciones previas de hidratación ni de ingesta de alimentos. Se evaluó la masa corporal, la talla y la USG antes de sus sesiones de entrenamiento. Se observó que el 98% de los futbolistas sufrían deshidratación entre moderada y grave antes de los entrenamientos, lo que supone posibles mermas del rendimiento e incremento del riesgo de lesiones relacionadas con el calor.

## 6.2.5. Influencia de la temperatura ambiente

Shirreffs et al. (2005a) estudiaron la respuesta de la sudoración al entrenamiento de los jugadores profesionales de fútbol de élite en calor. Los resultados indicaron que no bebieron el suficiente volumen de líquidos para reemplazar las pérdidas por sudor, lo que está en concordancia con los datos publicados en la literatura científica en otros futbolistas y en otras disciplinas deportivas. Los autores subrayan que estas mediciones permiten una individualización de la estrategia de la hidratación.

Maughan, Shirreffs, Merson y Horswill (2005) replicaron el estudio anterior, pero en condiciones ambientales diferentes, ya que existían pocos datos en la literatura publicada sobre la pérdida de sudor y la conducta de beber en el entrenamiento de los deportistas en un ambiente fresco. Los resultados de pérdida de sudor son similares a los registrados en los jugadores de élite que se someten a una sesión de entrenamiento similar en ambientes cálidos, pero el volumen de líquido ingerido es menor.

El estudio que desarrollaron Al-Jaser y Hasan (2006), durante 5 partidos de fútbol de pretemporada con 10 jugadores de élite kuwaitíes, es significativo dadas las condiciones climatológicas en el que se realizó. Evaluaron la pérdida de líquidos y el estado de hidratación, resultando que no hubo diferencias significativas entre el primer y el segundo tiempo. Concluyeron que los sujetos no consumen suficiente líquido para compensar la pérdida de líquidos.

Pese a ello, Shirreffs, Sawka y Stone (2006) indican que parece razonable la generalización de que la reducción del PC un 2% sea el límite aceptable de pérdidas por sudor, sin perjuicios significativos en el rendimiento. En cualquier caso, Edwards et al. (2007) quisieron comprobar si esta pérdida moderada de agua (aproximadamente 1,5 a 2% del PC) representa una reducción significativa en el rendimiento durante los partidos de fútbol; los resultados así lo demostraron, sin embargo, no quedó claro si podría ser atribuible a la pérdida de agua en sí mismo o a las asociaciones psicológicas negativas derivadas de una mayor percepción del esfuerzo en esa condición.

Maughan, Watson, Evans, Broad y Shirreffs (2007b) determinaron el equilibrio de fluidos y las pérdidas de electrolitos del sudor, con jugadores pertenecientes a la English Premier League Reserve. Se midió la pérdida de sudor, la ingesta de líquidos, la Uosm pre-partido y la [Na$^+$] en sudor. De la gran variabilidad individual en el estado de hidratación, las pérdidas de sudor y los comportamientos de consumo en un partido de fútbol competitivo disputado en un ambiente fresco, los autores destacan la necesidad de una evaluación individualizada del estado de hidratación para optimizar las estrategias de reemplazo de líquidos.

El estudio de Aragón-Vargas, Moncada-Jiménez, Hernández-Elizondo, Barrenechea y Monge-Alvarado (2009) evaluaron el estado de hidratación previo al juego, el estrés por calor y el equilibrio de líquidos durante la competición profesional de fútbol en ambiente caluroso, midiéndose la USG inicial y la pérdida de PC, la pérdida de sudor y la ingesta de líquidos. Los registros que se pudieron hacer de la temperatura del núcleo fueron ≥ 39,0ºC. Los resultados demostraron una considerable deshidratación en los jugadores, agravada por la previa. Recomendaron estrategias de hidratación para entrenamiento pre y post partido.

Kurdak et al. (2010) también han abordado la cuestión de la respuesta de la hidratación y la sudoración a la competición de fútbol en clima cálido. Los resultados de su estudio indicaron que compitiendo en condiciones de calor se puede producir pérdidas de líquido sustanciales por el sudor y producirse un déficit de Na en muchos jugadores, aunque tengan líquidos a su disposición. Shirreffs (2010), como co-autora del estudio anterior, lógicamente corrobora estas conclusiones y propone que, por la magnitud de las pérdidas de Na en algunos jugadores, puede ser que su sustitución se justifique para estos jugadores, advirtiendo que los requerimientos de electrolitos debe ser una parte esencial de la estrategia de nutrición de un jugador. Ozgünen et al. (2010) también comprobaron que el estrés por calor puede contribuir a la disminución del rendimiento en los partidos de fútbol cuando se juegan con calor extremo.

Con los datos que se desprenden de estos estudios, de los que es partícipe, Maughan et al. (2010b), también nos informan de que el fútbol jugado con calor plantea un desafío y los efectos sobre algunos aspectos del rendimiento se hacen evidentes a medida que aumenta la Tª por encima de aproximadamente 12 a 15ºC. La aclimatación previa reducirá el impacto de las altas Tª y puede proporcionar una protección limitada cuando la HR es también alta. La ingestión de líquidos es eficaz para limitar los efectos perjudiciales sobre el rendimiento: las bebidas con carbohidratos y electrolitos añadidos son en general más eficaces que simplemente agua y, además, las bebidas pueden ser más eficaces si se toman frías que si se hace a temperatura ambiente.

La investigación de Duffield, McCall, Coutts y Peiffer (2012) examinó la relación entre la intensidad de los entrenamientos y los cambios en el estado de hidratación, la TªC central, la TS y la composición y equilibrio de líquidos en jugadores de fútbol en el calor. Para los autores, la rehidratación individualizada debe establecerse tras el entrenamiento, para poder definir las diferencias en la TS y pérdidas de electrolitos en respuesta a la intensidad y la actividad general dentro de una sesión.

### 6.2.6. Periodización de la temporada

Con una perspectiva más longitudinal, Mascherini, Gatterer, Lukaski, Burtscher y Galanti (2015) han relacionado los cambios en el estado de hidratación durante toda una temporada con el rendimiento de la resistencia. Nos informan que se producen ganancias de líquidos durante la pretemporada, posiblemente debido a la expansión del volumen plasmático y un mayor almacenamiento de glucógeno, acompañado de mejoras en el rendimiento de resistencia. Durante la temporada competitiva se identifican pérdidas de líquidos y un aumento en la masa celular corporal sin efectos sobre el rendimiento. Al final de la temporada, cuando el volumen y la intensidad del entrenamiento se reducen, aumentan los fluidos corporales de nuevo.

### 6.2.7. Demarcaciones que ocupan los jugadores en el terreno de juego

Purvis y Cable (2002) desarrollaron un estudio sobre deshidratación con 7 porteros de fútbol simulando juego real durante 45 minutos, obteniendo un porcentaje de PC perdido de 0,8 %. Salum y Fiamoncini (2006) en un estudio sobre el control del PC para medir la deshidratación de 23 jugadores profesionales de fútbol tras un entrenamiento de dos horas y media de duración, encontraron unas pérdidas medias de porcentaje de PC perdido de 1,28 ± 0,25 %, y atendiendo a las distintas demarcaciones ocupadas en el terreno de juego obtuvieron para los porteros 1,78 %, para los defensas 1,04 %, para los centrocampistas 1,42 % y para los atacantes 0,76 %.

Castillo (2009) en un estudio sobre hábitos de reposición hídrica en función de la posición ocupada en el terreno de juego en un partido oficial de fútbol (n=12) y en un entrenamiento (n=10), con jugadores amateurs de la Tercera División española, encontró, a través de parámetros derivados de la pérdida de PC, que en partidos (pérdida de sudor: 1.790 ± 321,8 ml; PC perdido: 1,20 ± 0,45 kg; porcentaje de PC perdido: 1,60 ± 0,56 %) se sufre mayor deshidratación que en entrenamientos (pérdida de sudor: 1.047 ± 260,4 ml; PC perdido: 0,60 ± 0,21 kg; porcentaje de PC perdido: 0,77 ± 0,30 %), y que tanto en uno como en otro en los delanteros se agudiza algo más que en las demás demarcaciones el proceso de deshidratación. Para facilitar la lectura y comparación en relación con las distintas demarcaciones ocupadas en el terreno de juego, exponemos sus resultados en la tabla 15.

Tabla 15. *Resultados de las variables de deshidratación estudiadas en un entrenamiento y un partido de fútbol (Adaptado de Castillo, 2009).*

| Variable | Porteros | Defensas | Centrocampistas | Delanteros |
|---|---|---|---|---|
| **Entrenamiento** | | | | |
| Perdida líquido por sudor (ml) | 1000 | 1.181 ± 265,57 | 1.091 ± 276,10 | 780 ± 183,85 |
| PC perdido(kg) | 0,40 | 0,50 ± 0,17 | 0,70 ± 0,27 | 0,70 ± 0,14 |
| % PC perdido | 0,47 | 0,67 ± 0,22 | 0,85 ± 0,37 | 0,93 ± 0,29 |
| **Partido** | | | | |
| Perdida líquido por sudor (ml) | 1.184 | 1.861 ± 208,21 | 1.778 ± 369,29 | 1.978 ± 69,30 |
| PC perdido(kg) | 0,70 | 1,0 ± 0,30 | 1,20 ± 0,24 | 2,0 ± 0,35 |
| % PC perdido | 0,84 | 1,34 ± 0,40 | 1,61± 0,34 | 2,50 ± 0,13 |

### 6.2.8. Incidencia cognitiva

Edwards et al. (2007), informaron de que la deshidratación moderada era perjudicial para el rendimiento del fútbol. Sin embargo, no quedaba claro si esto podría ser atribuible a la pérdida de agua en sí misma o las asociaciones psicológicas negativas derivadas de una mayor percepción del esfuerzo en esa condición.

Sobre los efectos de las estrategias de ejercicio, calor, enfriamiento y rehidratación sobre la función cognitiva en los jugadores de fútbol, Bandelow et al. (2010), genéricamente, nos informan de que la deshidratación de leve a moderada durante el ejercicio en el calor (hasta 2,5% PC perdido), no tiene ningún efecto claro sobre la función cognitiva. En cambio, mayores niveles de glucosa se relacionan con un rendimiento más rápido y menos preciso, mientras que la elevación de la TªC central tuvo el efecto contrario, pudiéndose producir con ello la estabilización del rendimiento cognitivo por sus efectos opuestos.

El estudio de Fortes, Nascimento-Júnior, Mortatti, Lima-Júnior y Ferreira (2018) considera que la deshidratación puede ser un factor influyente en la toma de decisiones de futbolistas masculinos.

## 6.2.9. Género

Tiempo atrás se llevaron a cabo escasos estudios sobre la deshidratación en jugadoras de fútbol; actualmente la producción científica es algo más generosa. Es interesante el apunte de Maughan y Shirreffs (2007a) al informar que las diferencias en las necesidades nutricionales entre géneros son más pequeñas que las diferencias entre los individuos, por lo que los principios desarrollados por jugadores masculinos también se aplican a las mujeres. Específicamente, la prevalencia de deficiencia de hierro en las mujeres en general es alta, pero parece ser alarmante en las jugadoras de fútbol, por lo que todas deben adoptar hábitos alimenticios que garanticen la ingesta adecuada de hierro.

Para Kilding et al. (2009), las pérdidas de líquido y electrolitos por sudor en jugadoras de fútbol internacionales durante el entrenamiento específico de fútbol en un lugar fresco eran pequeñas. Consideran que con pérdidas de electrolitos de esta magnitud es poco probable que requiera una consideración especial en términos de optimización de la hidratación en las jugadoras.

El estudio de Castro-Sepúlveda, Astudillo, Letelier y Zbinden-Foncea (2016) revela que la deshidratación es el estado de hidratación más prevalente de las jugadoras de fútbol de élite antes de las sesiones de entrenamiento, partidos amistosos y oficiales.

Chapelle, Tassignon, Aerenhouts, Mullie y Clarys (2017), en un estudio con jugadoras juveniles de élite durante ocho días de torneo oficial, midiendo el nivel de hidratación a través de USG y controlando el PC antes y después de cada entrenamiento y partido, han constatado que según avanzaba el torneo había mayor porcentaje de jugadoras hipohidratadas, y que recibir consejos personales sobre la rehidratación parece tener un efecto positivo.

## 6.2.10. Arbitraje

Actualmente se sabe que el metraje recorrido por el árbitro durante un encuentro es similar al de los jugadores, pero no con los mismos esfuerzos y tipos de desplazamientos. Es obvio que sin una correcta preparación física y nutricional la labor del árbitro se verá mermada afectando el desarrollo y resultados de los partidos. Si bien es cierto que existen publicados programas de entrenamiento (Armenta y Morente, 1991), estos no atienden las necesidades alimenticias e hídricas que exige el desempeño de su labor. En buena lógica, como el resto de deportistas, los árbitros deberían adaptar su ingesta de líquidos y alimentos antes, durante y después del partido de acuerdo a su desgaste.

En general, dado que recorren las mismas distancias que los jugadores, deberían seguir las mismas pautas nutricionales. La FIFA (2005), bajo los auspicios de expertos a nivel mundial en la materia (Maughan, Burke y Kirkendall) propuso unas recomendaciones nutricionales para los árbitros, de las que extraemos las referidas al consumo de líquidos:

- Seguir las recomendaciones para los jugadores respecto a la ingesta de líquidos previas a las competiciones.

- Programar con antelación un acceso fácil y rápido a los líquidos durante la competición, como agua, bebidas deportivas y soluciones ricas en carbohidratos.

- Beber una bebida deportiva en el descanso para evitar la deshidratación y carbohidratos para retrasar la fatiga.

- Después de la competición, seguir las recomendaciones para los jugadores.

Asimismo, ofrece unas sugerencias para cubrir las necesidades hídricas durante la competición:

- En partidos profesionales, prever que el 4º árbitro disponga botellas de agua en la banda.

- En otros niveles, utilizar una mochila parecida a las que usan los ciclistas, rellenándolos entre los cambios o antes de la prórroga.

Da Silva y Fernández (2003) detectaron que los árbitros quedaban moderadamente deshidratados después de un partido de fútbol (2% de pérdida de PC). Más adelante, Da Silva, Fernandes y Fernández (2011) comprobaron el efecto que producía el volumen y composición de la reposición de líquidos sobre el rendimiento físico de los árbitros de sexo masculino. Compararon el consumo de agua mineral *ad libitum* frente a un volumen predeterminado de agua mineral o una solución electrolítica de hidratos de carbono. Además de reducir la TS, la ingesta predeterminada registró un aumento del porcentaje de movimientos de alta intensidad.

Houssein et al. (2016), tras una revisión completa, identifican las evidencias más relevantes del efecto de la deshidratación en los árbitros de fútbol:

- La deshidratación leve (es decir, el 2% de pérdida de peso) producida por un partido podría perjudicar el rendimiento físico y cognitivo de los árbitros de fútbol en condiciones de clima templado.

- La sensación de sed de los árbitros afecta negativamente la velocidad de respuesta.

- El calor incrementa el efecto de la actividad física en el error de toma de decisiones.

- La hidratación adecuada para los árbitros antes del juego y el acceso rápido y fácil a los líquidos durante los partidos podrían ser buenas estrategias para evitar la sed y los juicios errados asociados con el arbitraje en el calor.

Actualmente, con respecto a la ingesta de líquidos, las estrategias de hidratación antes y dentro del partido que se consideran generalmente válidas en los deportes también se recomiendan para los árbitros para evitar la pérdida de rendimiento cognitivo y físico, especialmente cuando se ejerce en climas extremos y altitud. Sin embargo, la simple adopción de consideraciones nutricionales del fútbol activo para los árbitros puede no ser apropiada. Las recomendaciones deben respetar las diferencias de género, las características físicas específicas de la población y las demandas, al igual que las características individuales y las necesidades especiales (Schenk, Bizzini y Gatterer, 2018).

## 6.3. En la infancia y adolescencia

La referencia más remota la encontramos en Bar-Or y Unnithan (1994), donde se habla de requerimientos dietéticos del joven futbolista, abogando por una aplicación más estricta de la hidratación. Para facilitarlo, recomiendan aumentar la palatabilidad de líquidos de acuerdo, a las preferencias individuales del niño. También informan de que la eficacia y seguridad de "la carga de carbohidratos" no habían sido estudiadas aún en los niños.

### 6.3.1. En entrenamiento

Shirreffs y Maughan (2008) evaluaron el balance de agua y el equilibrio de sal en futbolistas juveniles entrenando durante el Ramadán, y no encontraron diferencias entre los jugadores con ayuno y los jugadores sin ayuno. Los datos mostraron grandes variaciones individuales en todos los parámetros medidos, con relativamente poca diferencia en los parámetros de sudor entre un grupo y otro.

Silva et al. (2011) han investigado el estado de hidratación, la ingesta de líquidos y la pérdida de sudor en jugadores de fútbol de élite masculinos brasileños adolescentes (17,2 ± 0,5 años), en tres días consecutivos antes de cada entrenamiento. Los jugadores comenzaron los días de entrenamiento ligeramente hipohidratados (USG > 1,020 g/L) y la ingesta de líquidos no coincidió con la pérdida de líquidos, siendo ésta significativamente mayor (P < 0,001), en comparación con los días 2 y 3. Los datos también indican (y esto es importante para los autores) una correlación significativa entre el grado de pérdida de sudor y el volumen de líquido consumido. Al siguiente año, el mismo equipo de investigación (Silva et al. 2012), reprodujeron el diseño del estudio anterior, pero durante un partido de competición disputado en calor. En esta ocasión no hubo correlación significativa entre la pérdida de sudor y la ingesta de líquidos, ni tampoco entre la USG y la ingesta de líquidos. Por lo tanto, concluyeron de ambos estudios que se hacen necesarias estrategias eficaces para mejorar la reposición de líquidos para jóvenes jugadores que entrenan o compiten en calor.

Por otro lado, Williams y Blackwell (2012), con jugadores jóvenes de fútbol (17,1± 0,7 años de edad), registraron unos porcentajes medios de PC perdido durante una sesión de entrenamiento en un ambiente frío del 1,7 %, donde 14 de los jugadores analizados iniciaron la sesión de entrenamiento hipohidratados, dato que destacan los autores para llamar la atención sobre la necesidad de comenzar la actividad con unos niveles de hidratación adecuados.

Gibson, Stuart-Hill, Pethick y Galia (2012) estudiaron la situación de hidratación pre-entrenamiento, el equilibrio de líquidos y la pérdida de $Na^+$ del sudor en jugadoras de fútbol femenino canadiense júnior (15,7 ± 0,7 años) de élite en un ambiente fresco. Los datos se recogieron durante dos sesiones de entrenamiento de 90 minutos. Se halló que el 45% de las jugadoras se presentó al entrenamiento en un estado de hipohidratación (USG > 1,020 g/L)). En los hallazgos de este estudio destacan las variaciones individuales que se producen en la gestión de la hidratación en las jugadoras y por lo tanto la necesidad de directrices de hidratación personalizadas.

Arnaoutis et al. (2013) evaluaron durante un campamento de deportes de verano en jóvenes jugadores (11-16 años) de fútbol, el estado de hidratación antes del ejercicio y el balance de agua del cuerpo después de las sesiones de entrenamiento. El estado de hidratación se evaluó a través de la USG, la Ucol y cambios en el PC. Concluyeron que aproximadamente el 90% de los jóvenes jugadores de fútbol que comenzaron el ejercicio en condiciones de clima cálido estaban hipohidratados, mientras que el consumo *ad libitum* durante la práctica no impidió una mayor deshidratación en jugadores ya deshidratados.

Phillips, Sykes y Gibson (2014) han investigado sobre el estado de hidratación y el equilibrio de líquidos de jugadores de fútbol juvenil de élite europeos durante tres sesiones de entrenamiento consecutivas. Fueron evaluados en su estado de hidratación a partir de muestras de la primera orina de la mañana, y antes y después del entreno utilizando medidas de USG, calculando su balance de líquidos a partir del cambio de PC pre y post-entrenamiento, corregido por la ingesta de líquidos y la diuresis. La mayoría de los participantes estaban hipohidratados al despertar y no hubo diferencias significativas en USG entre la primera muestra de la mañana y la de pre-entrenamiento, y tampoco hubo influencia de la sesión de entrenamiento. Pese a ello, la ingesta continuada de fluidos no afecta significativamente el estado de hidratación, lo que sugiere que consumen suficiente líquido durante el entrenamiento para mantener un estado de hidratación estable y evitar el exceso de pérdida de masa corporal ($\geq$ 2%). Las directrices de ingesta de líquidos actuales parecen aplicables a esta población cuando se entrena en un ambiente fresco.

Gordon et al. (2015), han medido el estado de hidratación y la ingesta de líquidos, además de evaluar el conocimiento de los jugadores (15,9 ± 0,8 años) con respecto a los requerimientos de líquidos y carbohidratos para el entrenamiento de fútbol, encontrando que estaban ligeramente deshidratados antes y después del entrenamiento, aunque algunos estaban muy deshidratados antes (24%) y después del entrenamiento (27%). El porcentaje de pérdida media de PC fue de 0,7 ± 0,7%. La mayoría no consumieron fluidos durante la primera (57,0%) y segunda (70,9%) de las sesiones de entrenamiento. Más de 90% afirmó que el agua era el líquido más adecuado para consumir antes, durante y después del entrenamiento, pero muy pocos (5%) informaron correctamente que los hidratos de carbono se deben consumir antes, durante y después del entrenamiento. Ante estos datos, los autores proclaman la necesitad de un programa de educación nutricional que ayude a los jugadores a considerar la importancia que tiene una correcta ingesta de líquidos y carbohidratos para prevenir la deshidratación.

### 6.3.2. En partido

Rico-Sanz et al. (1996) estudiaron con jugadores (aclimatados al calor) de fútbol de élite jóvenes (17 ± 0,6 años), el efecto de una mayor ingesta de líquidos (hiperhidratación) sobre la regulación de la TªC y el rendimiento de estos. Los resultados sugieren que durante un partido de fútbol el consumo de agua adicional aumentó las reservas corporales de agua, y la regulación de la TªC mejoró sin ningún efecto significativo en la disminución en el rendimiento específico de fútbol.

Guerra, Chaves, Barros y Tirapegui (2004), realizaron un estudio de campo con el objetivo de verificar los efectos de una bebida de carbohidratos y electrolitos jugando al fútbol. El principal hallazgo de este estudio indica que la suplementación con una bebida de carbohidratos y electrolitos durante un partido de fútbol es beneficiosa para ayudar a prevenir el deterioro en el rendimiento.

Castillo (2014), en su tesis doctoral, ha desarrollado un estudio sobre deshidratación con futbolistas de diferentes selecciones autonómicas, de distintas categorías de formación (infantiles, cadetes y juveniles), durante partidos oficiales, con la intención de describir el líquido ingerido y perdido, el PC perdido y el porcentaje de PC perdido en función de la categoría y la posición ocupada en el terreno de juego, correlacionándolo con el tiempo total de juego. En la tabla 16 se puede apreciar que los jugadores juveniles acusan niveles de deshidratación más acentuados que las otras categorías.

Tabla 16. *Resultados de las variables de deshidratación estudiadas en partidos de fútbol distinguiendo distintas categorías (Castillo, 2014).*

| Variable | Total de la muestra | Infantiles | Cadetes | Juveniles |
|---|---|---|---|---|
| Perdida líquido por sudor (ml) | 1.104 ± 555 | 847 ± 375 | 1.003 ± 399 | 1.475 ± 663 |
| PC perdido(kg) | 0,7 ± 0,45 | 0,60 ± 0,25 | 0,50 ± 0,37 | 1,0 ± 0,53 |
| % PC perdido | 1,0 ± 0,63 | 0,9 ± 0,40 | 0,8 ± 0,56 | 1,4 ± 0,74 |

Por otro lado, en la tabla 17 exponemos los resultados desprendidos atendiendo a las demarcaciones ocupadas en el terreno de juego, que conllevan a concluir que tan sólo existe mayor probabilidad de pérdidas de volúmenes de líquido, de PC y de porcentajes de PC en defensas respecto a delanteros.

Tabla 17. *Resultados de PC perdido y % de PC perdido en fútbol por demarcaciones ocupadas en el terreno de juego en distintas categorías (Castillo, 2014).*

| Variable | Porteros | Defensas | Centrocampistas | Delanteros |
|---|---|---|---|---|
| Total de la muestra | | | | |
| Pérdida líquido por sudor (ml) | 1.108 ± 0,46 | 1.311 ± 0,61 | 1.055 ± 0,50 | 888 ± 0,51 |
| PC perdido(kg) | 0,40 ± 0,15 | 0,90 ± 0,38 | 0,70 ± 0,49 | 0,50 ± 0,45 |
| % PC perdido | 0,50 ± 0,19 | 1,2 ± 0,50 | 1,0 ± 0,70 | 0,80 ± 0,62 |
| Infantiles | | | | |
| Pérdida líquido por sudor (ml) | 623 ± 125 | 888 ± 375 | 894 ± 425 | 774 ± 370 |
| PC perdido(kg) | 0,40 ± 0,07 | 0,60 ± 0,26 | 600 ± 031 | 500 ± 0,12 |
| % PC perdido | 0,60 ± 0,12 | 1,0 ± 0,39 | 1,0 ± 0,51 | 0,90 ± 0,18 |
| Cadetes | | | | |
| Pérdida líquido por sudor (ml) | 1.145 ± 275 | 1.187 ± 461 | 881 ± 356 | 864 ± 314 |
| PC perdido(kg) | 0,40 ± 0,07 | 0,80 ± 0,40 | 0,30 ± 0,30 | 0,30 ± 0,16 |
| % PC perdido | 0,40 ± 0,09 | 1,2 ± 0,58 | 0,60 ± 0,51 | 0,50 ± 0,27 |
| Juveniles | | | | |
| Pérdida líquido por sudor (ml) | 1.555 ± 305 | 1.958 ± 498 | 1361 ± 570 | 1.030 ± 806 |
| PC perdido(kg) | 0,50 ± 0,28 | 1,2 ± 0,17 | 1,0 ± 0,54 | 0,70 ± 0,74 |
| % PC perdido | 0,6 ± 0,35 | 1,6 ± 0,26 | 1,5 ± 0,75 | 1,0 ± 1,0 |

El estudio de Morente, Yuste, Pérez y Llorente-Cantarero (2017) valoró el nivel de deshidratación producida tras la disputa de un partido oficial de fútbol 7 de un equipo benjamín (n=11; 8,36 ± 0,50 años de edad), habiéndose aplicado el protocolo de hidratación previa de la ACSM (2007) y permitiéndose una ingesta *ad libitum* a los participantes, hallándose los siguientes resultados en las variables derivadas del PC: PC perdido: 0,69 ± 0,25 Kg; % PC perdido: 2,28 ± 1,07; TS (L/h): 0,83 ± 0,38. Como se puede observar, los datos (especialmente el porcentaje de pérdida de PC) indican que se llegó a un estado de deshidratación no recomendable. De las variables urinarias analizadas desprende los siguientes resultados (tabla 18):

Tabla 18. *Resultados de las variables urinarias analizadas tras la disputa de un partido de fútbol 7 oficial de la categoría benjamín (Morente et al. 2017).*

| Variables | Antes | Después | P |
|---|---|---|---|
| pH | 5,91 ± 0,66 | 6,59 ± 0,92 | 0,044 |
| USG (g/L) | 1,009 ± 0,004 | 1,015 ± 0,008 | 0,044 |
| Na$^+$ (mmol/L) | 61,13 ± 39,82 | 145,83 ± 57,77 | 0,001 |
| Uosm (mOsm/kg) | 341,06 ± 253,86 | 643,68 ± 277,63 | 0,004 |

pH: ph de la orina; USG: densidad específica de la orina; Na$^+$: sodio de la orina; Uosm.: osmolalidad de la orina.

El análisis por demarcaciones efectuado indica que defensas y delanteros son los más afectados. Los autores recomiendan la aplicación de programas de IE para evitarlo.

El análisis de los datos revela varios aspectos:

- La aplicación del protocolo de hidratación previa fue eficaz, reflejándose en los resultados de la USG y la Uosm antes del partido.

- El proceso de deshidratación se manifiesta activo dado el grado de incremento significativo que se produce en todas las variables estudiadas.

- Los resultados reflejados después del partido no alcanzan los puntos de corte que se consideran indicativos del estado de deshidratación (USG>1,020 g/L; Uosm>700 mOsm/kg; Cheuvront y Sawka, 2005).

## Capítulo 7

# Técnicas De Medida Del Estado De Hidratación En El Ámbito De La Actividad Física Y El Deporte

## 7.1. Introducción

Distinguiendo entre los estudios de campo y en laboratorio, y apoyándonos en la opinión de Stachenfeld (2013), hay que considerar que los primeros son esenciales para la determinación de los retos a los que se enfrentan los atletas y, normalmente, son de naturaleza observacional para no interferir con el entrenamiento o competencia de los atletas. Estos estudios observacionales son el soporte sobre el que preguntarse acerca de los mecanismos de acción que se pueden estudiar en el laboratorio. En este, las condiciones ambientales pueden controlarse estrictamente y pueden medirse con precisión el consumo y excreción de líquidos y electrolitos. Es en los estudios de laboratorio donde se pueden determinar los mecanismos fisiológicos con el objetivo final de mejorar la salud y el rendimiento en el campo.

La revisión de la literatura científica nos aproxima a la idea de que no existe actualmente una técnica única y universal para determinar el estado de hidratación, como se desprende de los trabajos realizados por Kavouras (2002), Shirrefs (2003) y Armstrong (2005). Este último autor expone nueve razones en las que apoya la postura en la que enfatiza la dificultad de la obtención de un método de referencia, y que se describen brevemente a continuación (p. 42):

1. La regulación fisiológica, tanto del ACT como de las concentraciones de líquidos, es compleja y dinámica.

2. El déficit de agua en 24 horas presenta grandes variaciones, entre personas sedentarias y deportistas, teniendo como causas la actividad física y el tamaño corporal.

3. La ingestión de sodio afecta a las necesidades diarias de agua, debido a la necesidad de seleccionar diferentes ali-

mentos y bebidas, y existiendo diferencias interculturales en los valores de osmolalidad de la orina en poblaciones diferentes y con costumbres diferentes en relación, al consumo de líquidos.

4. El estado de hidratación se ve alterado por el volumen y el momento en que se consume el agua.

5. Las muestras de orina pueden o no coincidir con el tiempo que transcurre entre los hitos de obtención de muestras de líquido en los experimentos.

6. Existen diferencias en el diseño de los experimentos que pueden complicar la interpretación de los datos y su comparación.

7. Aquellas técnicas que utilizan isótopos estables, como el óxido de deuterio, parten de la base de que el isótopo se distribuye de forma uniforme por los líquidos tanto intracelulares como extracelulares.

8. Las respuestas cardiovasculares al ejercicio (tensión arterial, frecuencia cardiaca y volumen sistólico), reducen la circulación sanguínea renal y la filtración glomerular, pudiendo afectar a los índices de hidratación.

9. Los cambios en la Posm afectan a la ratio entre el volumen intra y extracelular, afectando a algunas técnicas de evaluación de la hidratación.

En lo que respecta a la metodología de evaluación de la hidratación, al margen de la técnica que se elija, Grandjean y Campbell (2006) nos proponen que hacerlo con diversos métodos aumenta la validez de la medición, dividiendo en cuatro grandes grupos las técnicas existentes.

## 7.2. Técnicas de dilución e impedancia

En principio, hay que decir que estas técnicas pueden proporcionar nuevas oportunidades de investigación (de laboratorio), pero su uso en el ámbito práctico o investigación de campo es limitado.

Efectivamente, estas técnicas evalúan con precisión el ACT y, teóricamente, permiten medir de forma directa cambios en el estado de hidratación. Utilizan marcadores, tales como la antipirina, el óxido de deuterio y el agua tritiada. El consenso actual es que es la metodología que da la mejor medida del ACT (Aranceta et al., 2016). Otras técnicas utilizan la corriente eléctrica para medir la conductividad de los tejidos corporales, como la impedancia bioeléctrica y la espectroscopía de impedancia bioeléctrica (EIB).

Como inconvenientes, presentan un alto requerimiento de medios técnicos y alto coste. Además, existen otros como riesgo de errores en la medición, así como dificultad para validar los resultados a otras poblaciones, tal como indican Zappe et al. (1993), Valtin y Schafer (1995) y Koulmann, Jimenez y Regal (2000). De modo más específico, Thomas, Cornish, Ward y Jacobs (1999), encuentran un margen de error de medición en la técnica de dilución entre un 1% y 2%. Otros autores (Asselin et al. 1998; Saunders, Blevins y Broeder, 1998; Berneis y Keller, 2000) han puesto de relieve las limitaciones de esta técnica.

Posteriormente, Utter, McAnulty, Riha, Pratt y Grose (2012), comprobaron la validez de las medidas de la impedancia bioeléctrica multifrecuencia para detectar la deshidratación aguda, pero con retardo frente a los marcadores estándar (plasma y orina) tras un período de rehidratación de 2 horas. Para ellos, los resultados demuestran la utilidad de esta técnica como medida de campo para determinar el estado de hidratación de los deportistas a corto plazo.

Micheli et al. (2014) llevaron a cabo una investigación cuyo objetivo fue proporcionar un conjunto de datos de impedancia bioeléctrica de una gran muestra de futbolistas con diferentes niveles de rendimiento. Con una muestra de 893 jugadores, registrada en todas las divisiones italianas de fútbol, se dividió en 5 grupos de acuerdo con su nivel de rendimiento y, considerando que los jugadores de fútbol pertenecen a una población específica, consideraron que las elipses de tolerancia específicas del fútbol se pueden usar para clasificar vectores individuales y para definir regiones objetivo para jugadores de bajo nivel.

## 7.3. Indicadores de plasma

Como indican diversos autores (Dauterman, Bennett y Greenough, 1995; Hackney et al. 1995; O`Brien, Young y Sawka, 1998; Shirrefs y Maughan, 1998; Speedy, Noakes y Schneider, 2001), se han utilizado multitud de indicadores sanguíneos para medir el estado de hidratación como: testosterona, catecolaminas, cortisol, péptido atrial natriurético, aldosterona, nitrógeno de urea en sangre, $Na^+$, $K^+$, hematocrito y proteínas. Se ha sugerido (Shirreffs, 2003), que tal vez el volumen de plasma se defiende en un intento de mantener la estabilidad cardiovascular, y por lo tanto las variables de plasma no serán afectada por la hipohidratación hasta que se haya producido un cierto grado de la pérdida de agua del cuerpo.

Otro indicador de plasma utilizado con frecuencia para la evaluación del estado de hidratación es la osmolaridad plasmática (Posm). Está estrechamente controlada por los sistemas homeostáticos y es la señal fisiológica primaria para regular el equilibrio del agua, con 280 a 290 mOsm/kg como "punto de ajuste" (Granjeand y Campbell, 2006). Armstrong (2005) pone en duda el uso de este parámetro como método de referencia para la evaluación del estado de hidratación, basándose en los resultados obtenidos por diversos autores (Francesconi et al., 1987; Hackney et al., 1995; Armstrong et al., 1998; Popowski et al., 2001).

## 7.4. Indicadores de orina

Inicialmente hay que considerar que Shirreffs (2003) y Cheuvront y Sawka (2005) señalan técnicas válidas tanto los indicadores de orina como los cambios en el PC. Oppliger y Bartok (2002) se refieren a la utilización de los indicadores de pérdida de PC y de la orina, como pruebas sencillas y no invasivas, frente a otras más costosas.

Los indicadores más utilizados para medir el estado de hidratación partiendo de muestras de orina han sido el color y, en menor medida, el volumen, a los que podemos denominar: *marcadores físicos*. Por otro lado, dentro de los que podemos llamar *marcadores bioquímicos*, la USG y la Uosm son con mucho los más utilizados, aunque se ha añadido el sodio y el pH al considerar que su inclusión puede aportar consistencia y extensión en la determinación del estado de deshidratación de los sujetos en el ámbito de la actividad física y el deporte.

## 7.4.1. Físicos

### *Volumen*

El volumen de orina, ya que varía inversamente con la hidratación, puede usarse también a modo de indicador del estado de hidratación. Así, la eliminación de unos 100 ml/h de orina se considera un estado hidratado, entre 300 y 600 ml/h representa una ingesta excesiva de líquidos, y cuando es inferior a 30 ml/h se puede hablar de deshidratación. El inconveniente que tiene, pese a ser un buen indicador, está en la exigencia de recoger muestras de 24 horas con precisión, por lo que por sí solo no se recomienda, pero es interesante junto con otros signos clínicos (Grandjean y Campbell, 2006).

Por otro lado, se puede utilizar el volumen como unidad para determinar la reserva de agua libre (FWR [ml / 24 h] = volumen de orina [ml / 24 h] - volumen de orina obligatorio [ml / 24 h]), método que han empleado recientemente Rodriguez et al. (2016) y Padrao et al. (2016).

### *Color*

Diem (1962) ya indicó que el Ucol está determinado por la cantidad de urocromo presente. Cuando se excretan grandes volúmenes de orina, esta orina está diluida y los solutos son excretados en mayor volumen, dando a la orina un color más pálido. Por el contrario, cuando se excretan volúmenes más pequeños de orina, esa orina se concentra, y los solutos son excretados en menor volumen, teniendo la orina un color más oscuro (Shirrefs, 2003).

Armstrong et al. (1998) en una muestra de nueve hombres altamente entrenados, evaluaron la validez y la sensibilidad del Ucol, la USG y la Uosm como índices del estado de hidratación, comparándolos con los cambios en el agua corporal. Se sometió a los sujetos a un protocolo que constaba de una fase de deshidratación inducida, una fase de ejercicio de pedaleo hasta el agotamiento y una fase de rehidratación oral. Los valores hallados situaron la USG entre 1,004-1,029 g/L, la Uosm entre 117 y 1.081 mOsm/kg, y el rango de color se situó entre 1 y 7, concluyendo que los tres parámetros generan índices válidos de medida del estado de hidratación.

Armstrong et al. (2000) y Casa et al. (2000), haciendo uso de una escala de ocho colores (figura 10), concluyeron que existía una relación lineal entre el Ucol y otros indicadores urinarios, como la USG y la Uosm, pudiéndose utilizar el color de la orina en situaciones en las que no fuese necesaria una alta precisión, como en ámbitos deportivos o laborales (Armstrong et al., 1994, 1998 y Popowski et al., 2001).

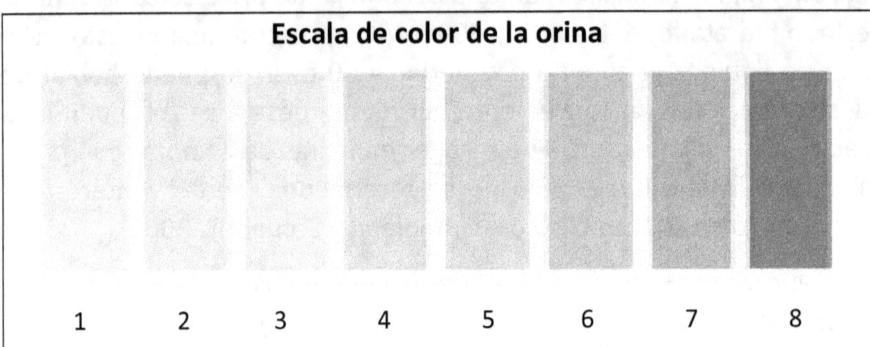


**Figura 10.** Escala de color de la orina para evaluar el grado de deshidratación. Tomado de: Casa, D. J., Armstrong, L. E., Hillman, S. K., Montain, S. J., Reiff, R. V., Rich, B. S. (...) y Stone, J. A. (2000). National Athletic Trainers' Association position statement: Fluid replacement for athletes. *Journal of Athletic Training, 35*, p. 224.

Para evaluar el estado de hidraciónha usando la escala, la National Collegiate Athtletics Associations (NCAA, 2015) propone seguir los siguientes pasos:

1. Unir el color de la orina con un color de la tabla.
2. Determinar el nivel de hidratación a la deshidratación: a menor número, mejor resultado.
3. Si el color de orina corresponde:

- Números 1, 2 o 3: estás hidratado.
- Números 4, 5 o 6: estás de leve a moderadamente deshidratado.
- Número 7 o más oscuro: estás deshidratado.

No obstante, Simerville, Maxted y Pahira (2005) consideran que determinados alimentos, medicamentos, productos metabólicos e infecciones eran causa de un color anormal de orina. Por ello, es conveniente utilizarlo junto con otros indicadores o técnicas.

Recientemente, Perrier, Johnson, McKenzie, Ellis y Armstrong (2016), han constatado que el cambio de Ucol es un indicador del cambio en la ingesta diaria de agua, con un estudio que ha cuantificado la relación entre un cambio en ingesta total de líquidos al día y el cambio resultante en la Ucol, proporcionando con ello a las personas un medio práctico para evaluar y ajustar los comportamientos de hidratación. En la misma línea, Guelinckx et al. (2015) y Kavouras et al. (2016), han probado con niños de 8 a 14 años que el uso de la escala clásica de Casa y Armstrong es un instrumento válido tanto para la autoevaluación como para el investigador.

## 7.4.2. Bioquímicos

### pH

Para Laso (2002) los valores normales del pH urinario se encuentran entre 5 y 6, fluctuando en el rango de 4,5 a 8,5, mientras que García, Suárez y Martínez (2010) consideran que el pH urinario puede variar entre 4,5 y 8, aunque normalmente es discretamente ácido (5,5-6,5). Asimismo, nos informan de que depende de factores tan diversos como la dieta, la ingestión de ciertos fármacos o el estado metabólico individual y, generalmente, es un reflejo del pH plasmático. Gerber y Brendler (2011), establecen como valores normales entre 4,6 y 8.

Pocos estudios han utilizado el pH como indicador del esfuerzo físico realizado. Zambraski et al. (1975) no encontraron diferencias de pH durante las cinco horas entre el pesaje y la competición de lucha; en general, la ausencia de cambios significativos en el perfil urinario sugería que los luchadores no fueron capaces de rehidratarse durante el citado período de tiempo y que compitieron en un estado de deshidratación.

López (1997) en su estudio con nadadores jóvenes, pese a que suele descender con el ejercicio respecto a la situación basal (Peter-Contesse et al., 1985), no hallaron cambios significativos en el mismo, encontrando un pH medio en el nivel de acidez (basal: 6,3 ± 0,7, a los 30 minutos: 6,1 ± 0,6). En la misma línea, el estudio de López-Mata et al. (2012) tras un partido de fútbol con jugadores universitarios, arrojó estos resultados: antes: 6,0 ± 0,91, después: 5,35 + 0,60 (p = 0,008). Martínez (2015) ofrece resultados parecidos registrados en una prueba de duatlón con niños: antes: 5,66 ± 0,45, después: 5,38 ± 0,38.

Justificando lo anterior, Pérez (2006) nos informa de que durante el ejercicio intenso se observan pequeñas disminuciones del pH urinario, mientras que el ejercicio moderado tiende a provocar aumentos con cierta tendencia hacia la alcalinidad. Así, Moriguchi et al. (2004) determinaron un aumento del pH urinario tras un ejercicio submáximo, afirmando que este hecho, que en principio no sería lógico, puede ser debido a la metabolización del $CO_2$ en $HCO_3^-$.

### Gravedad específica

La gravedad específica (USG) se refiere a la densidad (masa por unidad de volumen) de una muestra en comparación con el agua pura. Correlaciona con la Uosm y aporta una información importante sobre el estado de hidratación del sujeto. También refleja la capacidad de concentración de los riñones. Armstrong et al. (1994; 1998), encontraron que los valores normales en orina por lo general abarcaban desde 1,013 hasta 1,029 g/L en adultos sanos. Para Kavouras (2002) y Laso (2002), pueden variar desde 1,003 hasta 1,030 g/L, indicando un valor inferior a 1,010 g/L hidratación relativa, y un valor superior a 1,020 g/L indica deshidratación. En el mismo sentido, Oppliger y Bartok (2002), Bartok et al. (2004) y Cheuvront y Sawka (2005), consideran que una USG mayor a 1,020 g/L indica deshidratación (punto de corte), junto con una Uosm mayor de 700 mOsm/kg.

La USG se puede medir con rapidez y precisión en estudios de campo con un refractómetro de mano/portátil (Stachenfeld, 2013). Un estudio de Armstrong et al. (1998), demostró que la USG (medida con un refractómetro) y la Uosm (medida con un osmómetro) podían usarse indistintamente, obteniéndose una alta correlación, ($r^2 = 0,96$). Con menor frecuencia se emplean tiras reactivas (Gutrhie, Lott, Kriesel y Miller, 1987), aunque actualmente, a nivel hospitalario, se recomienda por ser un instrumento rápido y eficaz (García et al., 2010).

Se ha descrito que la especificidad de la USG para medir el estado de deshidratación en deportistas con gran masa muscular (jugadores de rugby) se reduce, por lo que pueden ser incorrectamente clasificados de hipohidratados (Hamouti et al., 2010). También Hamouti, Del Coso y Mora (2013), nos informan de que para detectar los mínimos cambios de deshidratación leve (hasta 2% de pérdida de PC) inducida por el ejercicio, encuentran la USG tan eficaz como la Posm. Ersoy, Ersoy y Kutlu (2016), han encontrado compatibilidad en la medición del estado de hidratación a través de los distintos métodos de determinar la USG (laboratorio, tira, refractometría).

A pesar de todo, actualmente existe el debate creciente con respecto a la precisión diagnóstica y la aplicabilidad de la USG en la caracterización del estado de fluidos y las fluctuaciones de todo el cuerpo. Así, Zubac, Reale, Karnincic, Sivric y Jelaska (2018) exponen que investigaciones recientes informan de una prevalencia universalmente alta de hipohidratación (~90%) a través de la evaluación USG en atletas de deportes de combate. Las inconsistencias en los hallazgos de las lecturas de USG, posiblemente como consecuencia de diversos enfoques metodológicos de investigación y/o factores de confusión pasados por alto, impiden una posición concluyente en la investigación y la práctica actual de los deportes de combate.

### Sodio

Los valores normales de Na+ en adultos son de 40 a 220 mEq/L/día, en una muestra aleatoria (McPherson y Ben-Ezra, 2011; Gerber y Brendler, 2011), y en niños de 41 a 115 mEq/día o mmol/día (Fischbach y Dunning, 2009). Para Pagana y Pagana (2010), el valor normal de Na+ en muestra de orina única es > 20 mEq/L o mmol/L.

La mayoría de los autores están de acuerdo con que el ejercicio intenso, de corta o larga duración, se produce una disminución en la excreción urinaria de Na+ (Pérez, 2006). Así lo comprobaron Glace et al. (2002), con ultramaratonianos, Godek et al. (2005), en jugadores de fútbol americano universitario y Fudge et al. (2008), con fondistas keniatas de élite. No encontraron diferencias Afshar et al. (2009), antes y después de competiciones de karate, justificándolo en base a la corta duración y a la naturaleza anaeróbica del karate.

### Osmolalidad

La Uosm es una medida del contenido total de solutos en la orina que se ve afectado por todas las partículas disueltas en un volumen conocido (es decir, la masa) de líquido. Los análisis requieren un osmómetro y un técnico de laboratorio capacitado, y necesita cierto tiempo. Recientemente se ha estudiado este parámetro ampliamente como un marcador de estado de hidratación posible, si bien para Francesconi et al. (1987), debido a que las propiedades de la orina eran reguladas por varios mecanismos y el volumen de agua cambia constantemente, no podía aceptarse universalmente esta técnica para determinar si un individuo estaba bien hidratado, sobrehidratado o hipohidratado.

Armstrong et al. (1994) comprobaron que las medidas de Uosm se podían utilizar indistintamente con la USG, y sugieren que, para que una persona se encuentre en un estado de euhidratación, la USG no debe superar los 1,030 g/L y la Uosm no debe exceder de 1.050 mOsm/kg. Del mismo modo, Shirreffs y Maughan (1998) sugieren que una Uosm > 716 mOsm/kg en el vaciado de la mañana refleja un primer estado de hipohidratación. Para Cheuvront y Sawka (2005), el punto de corte del estado euhidratado está en < 700 mOsm/kg. Gerber y Brendler (2011), establecen como valores normales entre 50 y 1.200 mOsm/kg.

Shirrefs y Maughan (1998) trataron de determinar un método rápido y fácil para la evaluación del estado de hidratación en los atletas en ambientes calurosos, midiendo la Uosm de la primera muestra de orina del día. Kovacs, Senden y Brouns (1999), afirmaron que la Uosm puede no reflejar con precisión el estado de hidratación si se utiliza inmediatamente después del ejercicio.

La Uosm puede verse influida por diversas variables: el género y el tipo de población. En relación con el género, se encuentran valores más altos en hombres que en mujeres, como en los estudios realizados en distintas poblaciones. Así, en EE.UU, Kutz, Cook, Carter-Pokras, Brody y Murphy (1992), encontraron valores de 649 mOsm/kg en hombres y 540 en mujeres. En Alemania, los valores hallados son de

801 mOsm/kg en chicos frente a 729 en chicas (Roberts y Manz, 1996). En Italia, Riva et al. (1984), no encontraron diferencias significativas entre ambos sexos. En relación exclusivamente a un país, se han encontrado valores que van desde 416 mOsm/kg en Reino Unido, referidos por Widdowson y McCance (1970), hasta valores mayores en Japón (900 mOsm/kg) (Kawauchi et al., 1996).

Fernández-Elías et al. (2014), ofrecen una escala de valores de referencia de la Uosm para determinar el estado de hidratación tras realizar mediciones a 345 luchadores, estableciendo la euhidratación entre 250 y 700 mOsm/kg, la deshidratación entre 701 y 1.080 mOsm/kg y la deshidratación severa de 1.081 a 1.500 mOsm/kg.

Referido a individuos sedentarios, Perrier et al. (2015) han sugerido que la Uosm en 24 horas ≤ 500 mOsm/kg puede ser un indicador simple de hidratación óptima, lo que supone un consumo de líquidos diario compensado con las pérdidas diarias, garantizando así la producción de orina suficiente para reducir riesgos renales.

## 7.5. Cambios en el peso corporal

Se consideran un indicador universal, válido, económico y factible de los cambios en el agua corporal (Grandjean y Campbell, 2006). El PC además puede ser un indicador fisiológico lo suficientemente estable como para monitorizar el balance diario de líquidos, incluso durante períodos largos (1-2 semanas) que involucren ejercicio intenso y cambios agudos de fluidos (Cheuvront, Carter III, Montain y Sawka, 2004).

Dado que para su medición es esencial el control de los factores que pueden confundirla, si se realiza correctamente, los cambios en el PC pueden proporcionar una estimación más sensible de las variaciones en el ACT que mediciones repetidas por los métodos de dilución (Gudivaka, Schoeller, Kushner y Bolt, 1999), ya que la variación del PC inicial expresa mejor el nivel de deshidratación que la variación del ACT (Sawka, Cheuvront y Carter, 2005b).

Harvey, Meir, Brooks y Holloway (2007) compararon en una investigación entre los cambios de PC, el hematocrito, el USG y el Ucol, y proponen el modelo de predicción del cambio de masa como el mejor. Para ellos, los resultados demuestran que un cambio en la masa corporal durante un partido de fútbol es un método eficaz de control de la deshidratación en comparación con otros métodos conocidos que pueden ser invasores e inapropiados en el campo. En numerosas investigaciones los registros de los cambios en el PC se complementan con la aplicación de otras técnicas más sofisticadas, pues incrementa la validez de la evaluación del estado de hidratación.

Debido a su sencillez, las variables derivadas de los cambios del PC han sido utilizadas ampliamente en el ámbito deportivo. Por ello vamos a profundizar sobre su conocimiento y aplicación. Para el registro de los cambios del PC se propone seguir el protocolo de la ISAK (International Society for the Advancement of Kinanthropometry) (Marfell-Jones et al., 2006). El pesaje de los individuos debe llevarse a cabo en ropa interior instantes antes del calentamiento, teniendo que haber orinado y defecado aquel que lo desee previamente al pesaje inicial. Antes de la recogida del PC posterior a la actividad, los jugadores tienen que secarse el sudor con una toalla las distintas partes del cuerpo (cabeza, brazos, torso, muslos, piernas y pies), no ingerir líquido y proceder al vaciado de orina de la vejiga.

### 7.5.1. Peso corporal perdido.

Es la diferencia entre el PC antes y después de la actividad físico-deportiva.

| |
|---|
| **PC perdido (kg)** = PC antes - PC después |

A modo referencial, ofrecemos algunos datos derivados de distintos estudios. En adultos en distintas actividades físicas y deportes, los valores de PC perdido encontrados en la literatura van a estar muy influenciados por el tipo de deporte practicado, tales como: 1,9 ± 0,8 kg en triatletas que prácticaron un Ironman (Mueller et al. 2013), 1,1 ± 0,3 kg en un entrenamiento de hockey-hielo (Batchelder et al., 2010), 1,0 ± 0,7 kg en partidos de baloncesto femenino de élite (Brandenburg y Gaetz, 2012), 1,3 ± 0,7 kg en partidos de rugby (O'Hara et al., 2010), o 0,8 ± 0,8 kg en partidos oficiales de futbol-sala profesional (García-Pellicer, 2009).

En los estudios con profesionales del fútbol, contamos con resultados en entrenamiento: 1,10 ± 0,43 kg (Maughan et al., 2004), 1,23 ±

0,50 kg (Shirreffs et al., 2005), o en partido: 2,58 ± 0,88 kg (Aragón-Vargas et al., 2009). El estudio de Castillo (2009), con jugadores amateurs españoles, corroboró las diferencias de pérdida de PC entre partido y entrenamiento, ofreciendo unos datos de 1,20 ± 0,45 kg y 0,60 ± 0,21 kg, respectivamente, suponiendo el doble de uno sobre otro, igual que lo visto con profesionales. Es por ello que, si nos basamos en los hallazgos que han tenido lugar en los diferentes deportes, parece observarse una mayor perdida en situaciones de competición que de entrenamiento. Por tanto, el tipo de práctica podría considerarse uno de los factores influyentes en los resultados obtenidos.

Las escasas investigaciones con niños y adolescentes en fútbol nos ofrecen resultados dispares. Si hablamos de adolescentes, Guerra et al. (2004) halló diferencias al evaluar el PC perdido tras la disputa de un partido dependiendo del tipo de líquido que los participantes hubieran ingerido. Aquellos que tomaron un líquido carbohidratado obtuvieron 1,14 kg de pérdida de PC frente a 1,75 kg en el caso del tipo no carbohidratado. Sin embargo, Phillips et al. (2014), tras la realización de un entrenamiento, obtuvo 0,40 kg, lo cual parece reafirmar la hipótesis de que la práctica competitiva presenta un mayor efecto sobre la pérdida de PC. Por otro lado, podemos observar, en un estudio llevado a cabo por Castillo (2014), diferencias dependiendo del tipo de categoría: 0,60 ± 0,25 kg en categoría infantil, 0,50 ± 0,37 kg en cadetes o 1,00 ± 0,53 kg en juveniles.

7.5.2. Porcentaje de peso corporal perdido.

Es la expresión en porcentaje de PC perdido. Suele utilizarse como marcador de deshidratación universal.

$$\text{\% de PC perdido (kg)} = \frac{\text{PC antes - PC después (kg)}}{\text{PC antes} \times 100}$$

Ejemplo: 35 kg − 34 kg ÷ 3500 = 2,9 % de pérdida de PC

En cuanto a resultados de referencia, en adultos, podemos destacar que los resultados encontrados en los diferentes trabajos llevados a cabo en competición muestran porcentajes tales como: 3 % en un estudio con adultos triatletas Ironman (Laursen et al., 2006); 0,4 ± 0,5 % de PC en hombres que practicaron bádminton (Abián-Vicén et al., 2012); 0,7 ± 0,8 % en mujeres que practicaron baloncesto (Brandenburg y Gaetz, 2012); o 1,0 ± 0,7 % tras un encuentro de rugby (Lee et al., 2014).

En las investigaciones con niños y adolescentes, un grupo de nadadores adolescentes presenta porcentajes de pérdidas de PC por encima del 2 % (Higham et al., 2009), o 1,9 ± 0,5 % en un grupo de judocas en la pubertad tardía tras un entrenamiento (Rivera-Brown et al., 2012); 1,2 ± 0,9 % (niños de 9 -13 años) y 1,3 ± 0,9 % (niñas de 14 y 17 años) tras una competición de triatlón (Aragón-Vargas et al., 2013).

Centrándonos en el fútbol, en sus diferentes modalidades, la diversidad aumenta, principalmente si nos centramos en partidos de futbol-sala profesionales, yendo desde estudios en los que la perdida PC es 0,99 ± 1,12 % (García-Jiménez y Yuste, 2010) a los realizados por García-Pellicer (2009) en los que muestran 3,1± 0,9 %. Por su parte, Martins et al. (2007), en entrenamiento de fútbol-sala con varones de 15-18 años 0,43 ± 0,41% de PC perdido. En futbolistas amateurs, Castillo (2009) aprecia diferencias entre entrenamiento y partido con unos resultados de 0,77 ± 0,30 % y 1,60 ± 0,56 % respectivamente. Por último, si nos centramos en fútbol con adultos, Owen et al. (2013) en una investigación de campo llevando a cabo diferentes protocolos de hidratación encontró que el grupo de líquido prescrito igual al sudor perdido obtuvo una pérdida de 0,3 ± 0,1 % de PC, el grupo con ingesta de líquido *ad libitum:* 1,1 ± 0,2 % y el grupo sin hidratación: 2,5 ± 0,4 %. Estos aspectos vienen a reafirmar la idoneidad de llevar a cabo un protocolo adecuado de hidratación para minimizar las posibles pérdidas y que el niño sigue presentando mayor riesgo de deshidratación que el adulto en situación de ingesta similares, como es el caso de *ad libitum*. Por último, si hablamos de entrenamientos reales, los resultados son algo más bajos que los obtenidos por nuestros participantes, así, Maughan et al. (2004) informan sobre una pérdida de 1,37 ± 0,54 %, Shirreffs et al. (2005) de 1,59 ± 0,61 %, y Salum y Fiamoncini (2006) de 1,28 ± 0,25 %.

Si hablamos de resultados obtenidos en niños, Arnauotis et al. (2013) halló una pérdida de porcentaje de PC de 0,35 ± 0,04 %. Por otro lado, Gibson et al., (2012), en adolescentes registró una pérdida de 0,84 ± 0,07 %. Por lo tanto, parece que un entrenamiento presenta una exigencia menor y por ende una perdida más pequeña que un partido oficial.

En partidos, el estudio de Castillo (2014), con jugadores de Fútbol 11 de distintas categorías, de 13 a 18 años, con toda la muestra determinó un porcentaje de pérdida de PC de 1 ± 0,63 %, en categoría infantil: 0,90 ± 0,40 %, en cadetes: 0,80 ± 0,56 % y en juveniles: 1,4 ± 0,74 %. Gordon et al. (2015) con adolescentes de 15,9 ± 0,8 años ha registrado una pérdida de 0,7 ± 0,7 % del PC. En Morente et al. (2017), tras un partido de fútbol 7 de categoría benjamín: 2,28 ± 1,07 %.

Teniendo en cuenta que existe una fuerte correlación entre estos parámetros, los resultados expresados demuestran que una pérdida de PC, aparentemente escasa en niños, supone realmente (medida en porcentaje) un grado de deshidratación importante en el desarrollo de la práctica deportiva, ya que aún con un nivel de deshidratación leve, del 1 al 2 % de pérdida de PC, en los niños puede producir una disminución en la actuación cognitiva (D'Anci et al., 2006; Adan, 2012) y reducción del rendimiento físico (Coyle, 2004; Murray, 2007).

Por ello, se recomienda que para el control de la deshidratación a través de los cambios en el PC, sobre todo en condiciones de influencia de factores (clima cálido, HR alta, ejercicio físico, alta actividad cognitive u otros), especialmente en niños, se aplique la fórmula del porcentaje de pérdida de PC, con la que se determinará con más precision el estado de deshidratación y se establecerá una recomendación de ingesta de liquido ajustada a la necesidad del momento.

### 7.5.3. Tasa de sudoración.

Es la relación existente entre la sudoración y una unidad de tiempo. En el ámbito físico-deportivo suele expresarse en L/h.

$$\text{TS (L/h)} = \frac{\text{PC antes - PC después (kg) + líquido ingerido (litros)}}{\text{Tiempo de práctica (horas)}}$$

Ejemplo: (35 kg – 34 kg) + 0,5 l ÷ 1,2 h = 1,25 L/h

En la literatura científica encontramos los siguientes valores de TS: en Abián-Vicén et al. (2012), en partidos de bádminton de ambos sexos, los hombres tuvieron una TS de 1,1 ± 0,4 L/h y las mujeres 1,0 ± 0,6 L/h; Lott y Galloway (2011), en partidos de tenis en pista cubierta, registraron 1,1 ± 0,4 L/h; Batchelder et al. (2010) en entrenamiento de hockey-hielo, obtuvieron 0,8 ± 0.5 L/h; Cunniffe et al. (2015) tanto en entrenamiento como en partido de balonmano femenino tuvieron 1,02 ± 0,07 L/h; Godek et al. (2010a) en entrenamiento de fútbol americano, los jugadores NFL mostraron una TS de 2,1 ± 0,2 L/h y los jugadores NCA 1,8 ± 0,1 L/h; O'Hara et al. (2010) en partidos de rugby registraron 2,0 ± 0,7 L/h; en partidos oficiales profesionales de fútbol-sala, Barbero et al. (2006) encontró un resultado de 0,8 ± 0,3 L/h, García-Pellicer (2009) halló 1,5 ± 0,7 L/h y García-Jiménez y Yuste (2010) 2,6 ± 0,9 L/h.

En la categoría adulta de fútbol, la literatura científica no nos aporta datos concretos sobre la TS, aunque sí lo hace de la pérdida de líquidos por sudor, que puede servir de orientación. En cualquier caso, hemos estimado la TS en los estudios que nos ofrecen los datos para establecerla según la fórmula de Murray (1996): Maughan et al. (2004) en entrenamiento de 90 minutos, encontraron una TS de 1,38 L/h y Shirreffs et al. (2005) de 1,46 L/h. Aragón-Vargas et al. (2009) obtuvieron en un partido: 2,26 L/h.

En los estudios con niños y adolescentes basados en distintas actividades físicas y deportes encontramos: Yeargin et al. (2010) en entrenamientos de fútbol americano, con adolescentes de 15 ± 1 años, obtuvieron  resultados para los más pequeños de 0,6 ± 0,2 L/h, y para los más mayores de 0,8 ± 0,1 L/h; Castillo (2014) también con adolescentes de 13-18 años, en partidos de fútbol, registró una TS en el total de la muestra de 0,66 ± 0,31 L/h, y en las distintas categorías los resultados fueron: en categoría infantil, 0,60 ± 0,20 L/h, en cadetes, 0,66 ± 0,15 L/h, y en juveniles, 0,78 ± 0,46 L/h.; Morente et al. (2017), tras un partido de fútbol 7 de categoría benjamín: 0,83 ± 0,38 L/h. Con estos datos parece que los adultos, independientemente del deporte que practican, presentan una TS más elevada que los niños.

El valor de conocer la TS de un individuo puede no parecer trascendente, pero, sea en contextos deportivos, académicos, laborales o de exposición a condiciones ambientales adversas, sea en la vida normal sin agentes que perturben especialmente el estado de hidratación, la información que supone tener consciencia de la particularidad de cada uno en cuanto a su nivel de pérdida de liquido corporal será esencial para poder aplicar con criterio una conducta correctora conducente al bienestar.

Para el correcto seguimiento del estado de hidratación en actividades físico-deportivas, ofrecemos una hoja de registro de datos relativos a la deshidratación medida a partir de los cambios en la masa corporal (tabla 19). Esta sencilla herramienta puede ayudar a que los deportistas asuman la importancia de evitar la deshidratación al tiempo que adquieran el hábito de hacerlo de forma autónoma.

Tabla 19. *Hoja de registro de datos relativos a la deshidratación medida a partir de los cambios en la masa corporal.*

| ACTIVIDAD: | | | | FECHA: | | |
|---|---|---|---|---|---|---|
| TIPO: | | | | TIEMPO: | | |
| CONDICIONES AMBIENTALES: | | | | | | |
| • Temperatura………….Pre: | | Post: | | Media: | | |
| • Humedad relativa……..Pre: | | Post: | | Media: | | |
| • Otras: | | | | | | |
| OBSERVACIONES: | | | | | | |
| NOMBRE | PESO CORPORAL | | LÍQUIDO INGERIDO | PC PERDIDO | % PC PERDIDO | TS |
| | Antes | Después | | | | |
| 1. | | | | | | |

## 7.6. Otras

### 7.6.1. Osmolalidad lacrimal (Tosm).

Fortes et al. (2011), partiendo de que el fluido lacrimal es isotónico con el plasma y la Posm es aceptada como marcador del estado de hidratación, comprobaron que los índices de deshidratación inducida por el ejercicio físico estudiados (Tosm, Posm y USG) se correlacionaban. Por ello, propusieron Tosm como una técnica práctica y rápida de evaluar el estado de hidratación.

### 7.6.2. Osmolalidad salivar (Vosm).

Walsh et al. (2004) estudiaron distintos parámetros de la saliva como potenciales indicadores del estado de deshidratación en deportistas. Se estudió también la correlación de los parámetros de la saliva con la Posm y la Uosm, existiendo una alta correlación entre la Vosm, la Uosm y la concentración de proteínas totales de la saliva. Asimismo, se observó que la Uosm aumentaba durante la fase de deshidratación.

Para Ely et al. (2011) el uso de Vosm como marcador del estado de hidratación es dudoso dada la variabilidad inherente a su aplicación. Por el contrario, Muñoz et al. (2013), en un estudio comparativo de distintos biomarcadores del estado de hidratación: Uosm, osmolalidad sérica (Sosm), Vosm, USG y volumen de orina, comprobaron que Vosm y Sosm obtenían los mejores valores de sensibilidad y especificidad en determinar la deshidratación hasta el -2 % de pérdida de PC cuando se produce a través del ejercicio físico, pero en reposo se manifiesta mejor utilizando los índices urinarios.

### 7.6.3. Sed y volumen de orina

Armstrong et al. (2014) diseñaron un estudio para verificar la validez de estas sencillas y baratas técnicas que permiten autoevaluar el estado de hidratación. Tras constatar que la sed se relaciona linealmente con la pérdida de agua corporal, se observó que las mediciones del volumen de orina estaban fuerte e inversamente correlacionadas con la introducción del estado de hidratación, evaluada por USG y la Uosm. Se concluyó que los hombres sanos pueden emplear mediciones simples de sensación de sed y volumen de orina de la mañana para identificar la presencia de hipohidratación leve y para guiar la reposición de líquidos.

## 7.7. Recapitulación

En la tabla 20, presentamos una relación cronológica de las diversas técnicas a las que se ha hecho alusión anteriormente y que han sido estudiadas en las últimas décadas por diversos autores, en ocasiones tomando una sola técnica de forma aislada y, en otras, evaluando el estado de hidratación mediante la utilización de distintos índices.

Tabla 20. *Cronología de las técnicas de medición del estado de hidratación estudiadas por diversos autores.*

| Autor/es | Técnica estudiada |
| --- | --- |
| Dill y Costill (1974) | % cambios en volumen de sangre. |
| Yasumura, Cohn y Ellis (1983) | Activación de neutrones. |
| Lukaski y Johnson (1985) | Técnicas de dilución: óxido de deuterio. |
| Francesconi et al. (1987) | Índices urinarios y hematológicos. |
| Hubbard, Szlyk y Armstrong (1990) | Sensación de sed. |
| Armstrong et al. (1994) | Índices urinarios. |
| Hackney et al. (1995) | Indices urinarios y sanguíneos. |
| Greenleaf y Morimoto (1996) | Sensación de sed. |
| Armstrong et al (1998) | Índices urinarios. |
| Shirrefs y Maughan (1998) | Osmolalidad y conductividad de la orina. |
| Kovacs et al. (1999) | Color, osmolalidad y conductividad eléctrica específica de la orina. |
| Ritz (2001) | Impedancia bioeléctrica. |
| Popowski et al. (2001) | Índices sanguíneos y urinarios. |
| Kavouras (2002) | Índices sanguíneos y urinarios. |
| Cheuvront et al. (2004) | Índices sanguíneos y urinarios. |
| Pialoux et al. (2004) | Impedancia bioeléctrica. |
| Walsh et al. (2004) | Osmolalidad salivar, plasmática y urinaria. |
| Opplinger et al. (2005) | Gravedad específica de la orina. |
| Harvey et al. (2008) | Cambios de peso, color. Hematocrito, gravedad específica de la orina. |

| Autor/es | Técnica estudiada |
| --- | --- |
| Silva et al. (2010) | Gravedad específica de la orina. |
| Fortes et al. (2011) | Osmolaridad lacrimal. |
| Ely, Cheuvront, Kenefick y Sawka (2011) | Osmolalidad salivar. |
| Alexy et al. (2012) | Excreción urinaria de sodio. |
| Muñoz et al. (2013) | Osmolalidad urinaria, sérica y salivar, gravedad específica de la orina y volumen de orina. |
| Armstrong et al. (2014) | Sensación de sed y volumen de orina. |
| Perry, Rapinett, Glaser y Ghetti (2015) | Osmolalidad urinaria |
| Perrier et al. (2016) | Color, gravedad específica de la orina. |
| Rodriguez et al. (2016) | Reserva libre de agua |
| Padrao et al. (2016) | Reserva libre de agua |
| Kavouras (2017) | Osmolalidad urinaria y gravedad específica de la orina. |

Una aportación clave acerca de la utilización de distintas técnicas para la medición del estado de hidratación, es la que ha realizado la NATA (Casa et al., 2000), recomendando tres métodos para la medida del estado de hidratación: cambios en el PC, USG y Ucol.

Armstrong (2005) realizó un análisis comparativo de 13 técnicas utilizadas habitualmente, atendiendo a criterios de coste, tiempo requerido, dominio técnico necesario, portabilidad o riesgos para la salud (tabla 21), concluyendo que no existía un método único para medir el estado de hidratación.

Tabla 21. *Comparación de 13 técnicas de medición del estado de hidratación en relación, a distintos criterios (modificado de Armstrong, 2006).*

| CRITERIOS → / TÉCNICAS ↓ | Líquidos corporales implicados | Coste del análisis | Tiempo necesario | Conocimiento técnico requerido | Portabilidad | Probabil. efectos adversos |
|---|---|---|---|---|---|---|
| Dilución de isótopos estables | Todos (LEC y LIC) | 3 | 3 | 3 | 3 | 2 - 3 |
| Análisis de activación de neutrones | Todos | 3 | 3 | 3 | 3 | 2 |
| Espectroscopia de impedancia bioeléctrica | Incierto | 2 | 3 | 2 | 2 | 1 |
| Cambio en la masa corporal | Todos | 1 | 1 | 1 | 1 | 1 |
| Osmolalidad plasmática | LEC | 3 | 2 | 3 | 3 | 2 |
| % del cambio del volumen plasmático | Sangre | 2 | 2 | 3 | 3 | 2 |
| Osmolalidad de la orina | Orina miccionada | 3 | 2 | 3 | 3 | 1 |
| Gravedad específica de la orina | Orina miccionada | 1 | 1 | 2 | 1 | 1 |
| Conductividad de la orina | Orina miccionada | 2 | 2 | 2 | 3 | 1 |
| Color de la orina | Orina miccionada | 1 | 1 | 1 | 1 | 1 |
| Volumen de orina en 24 h. | Orina miccionada | 1 | 1 | 1 | 1 | 1 |
| Flujo salival, osmolalidad, proteínas totales | Saliva mixta total | 2-3 | 2 | 3 | 2-3 | 1 |
| Clasificación de la sed | Hipotálamo | 1 | 1 | 1 | 1 | 1 |

Leyenda de la clasificación: 1 = pequeño; 2 = moderado; 3 = grande.

Armstrong (2005) de su análisis comparativo extrae las siguientes conclusiones:

1. Siguiendo el criterio de la solidez de las evidencias, de las 13 técnicas a las que se ha aludido anteriormente, sólo dos (la dilución de isótopos y el análisis de activación de neutrones) cuentan realmente con el respaldo científico de indicios lo suficientemente considerables y consistentes, siendo clasificadas con un grado de solidez A.

2. En lo que respecta a la resolución de la medición, la técnica de dilución de isótopos muestra valores de mayor resolución, así como el análisis de activación de neutrones. Las técnicas de EIB detectan cambios en el ACT de entre 0,8 y 1 L.

3. En cuanto a la exactitud de la medición, la dilución de isótopos arroja una posibilidad de sobreestimación de ACT en un porcentaje que oscila entre el 1 y el 5%. La EIB presenta una variabilidad para el ACT de -0,67 L. a -1,16 L y valores de + 1,07 L. en VEC (Volumen extracelular), así como de - 2,08 L en VIC (Volumen intracelular).

4. En los distintos parámetros de medida derivados de la orina (Uosm, USG, conductividad, Ucol y volumen en 24 h.), no se consideran la resolución de la medición y la exactitud, al no medir el LIC y LEC directamente, sino que más bien constituyen una referencia útil para conocer el equilibrio hidroelectrolítico en contextos de campo, es decir, sobre el terreno.

Aún así, Cheuvront, Fraser, Kenefick, Ely y Sawka (2011) constataron que unificando la constante que se aplica en la ecuación exponencial de los valores registrados en Posm, USG y PC, se obtiene una herramienta cuantitativa y gráfica simple que puede ayudar a determinar la probabilidad de una persona a deshidratarse cuando se realizan medidas de serie, además de validar el uso de dicha herramienta.

# Referencias Bibliográficas


Abián-Vicén, J y Abián, P. (2012). Dehydration of school-age children. *Journal of Sport and Health Research. 4*(3), 223-232.

Abián-Vicén, J., Del Coso, J., González-Millán, C., Salinero, J. J. y Abián. P. (2012). Analysis of dehydration and strength in elite badminton players. *PLoS One., 7*(5), e37821.

Abt, G., Zhou, S. y Weatherby, R. (1998). The effect of a high carbohydrate diet on the skill performance of midfield soccer players after inttermitent treadmill exercise. *Journal of Science and Medicine in sport, 1*(4), 203-212.

ACSM-American College of Sports Medicine, Sawka, M. N., Burke, L. M., Eichner, E. R., Maughan, R. J., Montain, S. J., Stachenfeld, N. S. (2007). American College of Sports Medicine position stand. Exercise and fluid replacement. *Med Sci Sports Exerc., 39,* 377-390.

Adan, A. (2012). Cognitive performance and hydration. *J Am Coll Nutr, 1*(2), 71-78.

Afshar, R., Sanavi, S. y Nadooshan, J. (2009). Urinary sodium and potassium excretion following karate competitions. *Iranian Journal of Kidney Diseases, 3*(2), 553-559.

Al-Jaser, T. A. y Hasan, A. A. (2006). Fluid loss and body composition of elite Kuwaiti soccer players during a soccer match. *J Sports Med Phys Fitness. 46*(2), 281-285.

Almond, C. S. D., Shin, A. Y., Fortescue, E. B., Mannix, R. C., Wypij, D., Binstadt, B. A. (…) Greenes, D. S. (2005). Hyponatremia among runners in the Boston Marathon. *N. Engl. J. Med. 352,* 1550-1556.

Aragón-Vargas, L. F., Moncada-Jiménez, J., Hernández-Elizondo, J., Barrenechea, A. y Monge-Alvarado, M. (2009). Evaluation of pre-game hydration status, heat stress, and fluid balance during professional soccer competition in the heat. *European Journal of Sport Science, 9*(5), 269–276.

Aragón-Vargas, L. F., Wilk, B., Timmons, B. W. y Bar-Or, O. (2013). Body weight changes in child and adolescent athletes during a triathlon competition. *Eur J Appl Physiol., 113*(1), 233-239.

Aranceta, J., Gil, A., Marcos, A., Pérez, C., Serra, L., Varela, G., Drewnowski, A. (…) y Partearroyo, T. (2016). Conclusions of the II International and IV Spanish Hydration Congress. Toledo, Spain, 2nd-4th December, 2015. *Nutrición Hospitalaria, 33*(3), 1-3.

Armenta, F. y Morente, A. (1991). *Manual didáctico para el entrenamiento del árbitro de fútbol.* Sevilla: Wanceulen.

Armstrong, L. E., Maresh, C. M., Castellani, J. W., Bergeron, M. F., Kenefick, R. W., LaGasse, K. E. y Riebe, D. (1994). Urinary indices of hydration status. *Int J Sport Nutr, 4,* 265-279.

Armstrong, L. E., Soto, J. A., Hacker, F. T. Jr., Casa, D. J., Kavouras, S. A. y Maresh, C. M. (1998). Urinary indices during dehydration, exercise and rehydration. *Int J Sport Nutr., 8,* 345–355.

Armstrong, L. E. (2000). *Performing in extreme environments.* Champaign: Human Kinetics.

Armstrong, L. E. (2005). Hydration assessment techniques. *Nutr Rev., 63,* 40-54.

Armstrong, L. E., Johnson, E. C., Casa, D. J, Ganio, M. S., McDermott, B. P., Yamamoto, L. M., Lopez, R. M., Emmanuel, H. (2010). The american football uniform: uncompensable heat stress and hyperthermic exhaustion. *J Athl Train., 45*(2),17-27.

Armstrong, L. E., Ganio, M. S., Klau, J. F., Johnson, E. C., Casa, D. J. y Maresh, C. M. (2014). Novel hydration assessment techniques employing thirst and a water intake challenge in healthy men. *Appl Physiol Nutr Metab., 39*(2), 138-144.

Arnaoutis, G., Kavouras, S. A., Kotsis, Y. P., Tsekouras, Y. E., Makrillos, M. y Bardis, C. N. (2013). Ad libitum fluid intake does not prevent dehydration in suboptimally hydrated young soccer players during a training session of a summer camp. *Int J Sport Nutr Exerc Metab.,* 23(3), 245-251.

Arnaoutis, G., Kavouras, S. A, Angelopoulou, A., Skoulariki, C., Bismpikou, S., Mourtakos, S y Sidossis, L. S. (2015). Fluid balance during training in elite younng athletes of different sports. *J Strength Cond Res., 29*(12), 3447–3452.

Assael, B. A., Cipolli, M., Meneghelli, I., Passiu, M., Cordioli, S., Tridello, G. (...) y Friedlander, G. (2012). Italian Children Go to School with a Hydration Deficit. *J Nutr Disorders Ther, 2,* 3.

Asselin, M. C., Kriemler, S., Chettle, D. R., Webber, C. E., Bar-Or, O. y McNeill, F. E. (1998). Hydration status assessed by multi-frequency bioimpedance analysis. *Appl. Radiat. Isot., 49,* 495-497.

Bachle, L., Eckerson, J., Albertson, L., Ebersole, K., Goodwin, J. y Petzel, D. (2001). The effect of fluid replacement on endurance performance. *Journal of Strength and Conditioning Research, 15,* 217-224.

Baker, L.B., Conroy, D.E. y Kenney, W.L. (2007). Dehydration impairs vigilance-related attention in male basketball players. Med. Sci. Sports Exerc., 39(6), 976-983.

Balsom, P.D., Wood, K., Olsson, P. y Ekblom.B. (1999). Carbohydrate intake and multiple sprint sports: with special reference to football (soccer). *International Journal of Sports Medicine, 20*(1), 48-52.

Bandelow, S., Maughan, R., Shirreffs, S., Ozgünen, K., Kurdak, S. (...). y Dvorak, J. (2010). The effects of exercise, heat, cooling and rehydration strategies on cognitive function in football players. *Scand J Med Sci Sports*, *20*(3), 148-160.

Barbany, J. R. (1986). *Fisiología del esfuerzo*. Barcelona: Institut nacional d´educació física de Catalunya.

Barbany, J. R. (2002). *Alimentación para el deporte y la salud*. Barcelona: Martínez Roca.

Barbero, J. C., Castagna, C. y Granda, J. (2006). Deshidratación y reposición hídrica. Efectos de un programa de intervención sobre la pérdida de líquidos durante competición. *Motricidad, 17*, 97-110.

Bar-Or, O., Dotan, R., Inbar, O., Rotshtein, A. y Zonder H. (1980). Voluntary hypohydration in 10 to 12 year old boys. *J Appl Physiol, 48*, 104-108.

Bar-Or, O. y Unnithan, V. B. (1994). Nutritional requirements of young soccer players. *J Sports Sci., 12*, 39-42.

Barr, S. I., Costill, D. L. y Fink, W. J. (1991). Fluid replacement during prolonged exercise: Effects of water, saline, or no fluid. *Medicine and Science in Sports and Exercise, 23,* 811-817.

Bartok, C., Schoeller, D. A., Sullivan, J. C., Clark, R. R. y Landry, G.L. (2004). Hydration testing in collegiate wrestlers undergoing hypertonic dehydration. *Med Sci Sports Exerc., 36*(3), 510-517.

Batchelder, B. C., Krause, B. A., Seegmiller, J.G. y Starkey, C. A. (2010). Gastrointestinal temperature increases and hypohydration exists after collegiate men's ice hockey participation. *J Strength Cond Res., 24*(1), 68-73.

Baylis, P. (1980). Hyponatremia and hypernatremia. *Clin. Endocrinol Metab., 9*, 625-637.

Below, P. R., Mora-Rodriguez, R., Gonzalez-Alonso, J. y Coyle, E. F. (1995). Fluid and carbohydrate ingestión independently improve performance during 1 h. of intense exercise. *Medicine and Science in Sports and Exercise, 27*, 200-210.

Bergeron, M. F, Waller, J. L. y Marinik, E. L. (2006). Voluntary fluid intake and core temperature responses in adolescent tennis players: sports beverage versus water. *Br J Sports Med.*, *40*, 406-410.

Bergeron, M. F., McLeod, K. S. y Coyle, J. F. (2007). Core body temperature during competition in the heat: national boys' 14s junior tennis championships. *Br J Sports Med.*, *41*, 779-783.

Bergeron, M. F. (2009). Youth sports in the heat: recovery and scheduling considerations for tournament play. *Sports Med.*, *39*(7), 513-522.

Berneis, K. y Keller, U. (2000). Bioelectrical impedance analysis during acute changes of extracellular osmolality in man. *Clin. Nutr.*, *19*, 361-366.

Brandenburg, J. P. y Gaetz, M. (2012). Fluid balance of elite female basketball players before and during game play. *Int J Sport Nutr Metab Exerc.*, *22* (5), 347-352.

Broad, E. M., Burke, L. M., Cox, G. R., Heeley, P. y Riley, M. (1996). Body weight changes and voluntary fluid intakes during training and competition sessions in team sports. *International Journal of Sport Nutrition and Exercise Metabolism, 6*, 307-320.

Brown, A. H. (1947). Dehydration exhaustion. En: E. F. Adolf (ed.), *Physiology of Man in the Desert*. New York: Intersciences Publishers.

Bruemmer, B., White, E., Vaughan, T. L. y Cheney, C. L. (1997). Fliuid intake and the incidence of bladder cancer among middle-aged men and women in a three-county area of western Washington. *Nutrition and cancer, 29*, 163-168.

Burke, L. M. y Hawley, J. A. (1997). Fluid balance in team sports. Guidelines for optimal practices. *Sports Medicine, 24*, 38-54.

Burke, L. M. (2006). *Swimmings and rowing. Applied Sport Nutrition.* Illinois: Human Kinetics.

Burke, L. M. y Maughan, R. J. (2015). The Governor has a sweet tooth-mouth sensing of nutrients to enhance sports performance. *Eur J Sport Sci.*, *15*(1), 29-40.

Casa, D. J., Armstrong, L. E., Hillman, S. K., Montain, S. J., Reiff, R. V., Rich, B. S. (...) y Stone, J. A. (2000). National Athletic Trainers' Association position statement: Fluid replacement for athletes. *Journal of Athletic Training, 35*, 212-224.

Casa, D. J., Clarkson, P. M. y Roberts, O. W. (2005). American College of Sports Medicine roundtable on hydration and physical activity: consensus statements. *Curr. Sports Med. Rep.*, *4*, 115-127.

Casado, A., Garea, E., Gil, P., Moreno, N., Ramos, P. y Rodríguez, J. (2011). *Guía de Buena Práctica Clínica en Gerontología*.Hidrataciónysalud. Recuperado:https://www.segg.es/download.asp?.../Gu%C3%ADa%20de%20buena%20pr%C3%A1ctica%2.el 2/08/2014.

Castillo, A. (2009). *Comparación entre un partido de competición y entrenamiento, sobre reposición hídrica y su efecto en niveles de deshidratación en jugadores de fútbol no profesionales en función de la posición ocupada en el terreno de juego*. (Suficiencia investigadora, DEA). Universidad de Murcia, Murcia.

Castillo, A. (2014). *Peso perdido y líquido ingerido y perdido en jugadores de fútbol de categoría infantil, cadete y juvenil en función de la posición ocupada en la competición*. (Tesis doctoral inédita). Universidad de Murcia. Murcia.

Castro-Sepúlveda, M., Astudillo, S., Álvarez, C., Zapata-Lamana, R., Zbinden-Foncea, H., Ramírez-Campillo, R. y Jorquera, C. (2015). Prevalence of dehydration before training in profesional chilean soccer players. *Nutr Hosp., 32*(1), 308-311.

Castro-Sepúlveda, M., Astudillo, J., Letelier y P., Zbinden-Foncea, H. (2016). Prevalencia de deshidratación antes de las sesiones de entrenamiento, partidos amistosos y oficiales en jugadoras de élite femeninas. *J Hum Kinet, 50*, 79-84.

Cian, C., Barraud, P. A., Merlin, B., Raphel, C. (2001). Effects of fluid ingestion on cognitive function after heat stress or exercise-induced dehydration. *Int. J. Psychophysiol., 42*(3), 243-251.

Clarke, N. D., Drust, B., MacLaren, D. P. y Reilly, T. (2005). Strategies for hydration and energy provision during soccer-specific exercise. *Int J Sport Nutr Exerc Metab., 15*(6), 625-640.

Cleary, M. A., Hetzler, R. K., Wasson, D., Wages, J. J., Stickley, C. y Kimura, I. F. (2012). Hydration behaviors before and after an educational and prescribed hydration intervention in adolescent athletes. *J Athl Train., 47*(3), 273-281.

Consejo General de Colegios Oficiales de Farmacéuticos (2012). *Decálogo para una correctahidratación*. Recuperado: http://www.portalfarma.com/profesionales/campanaspf/categorias/paginas/decalogo-hidratacion-2012.aspx.

Cosgrove, S. D., Love, T. D., Brown, R. C., Baker, D. F., Howe, A. S. y Black, K. E. (2014). Fluid and electrolyte balance during two different pre-season training sessions in elite rugby union players. *J Strength Cond Res., 28*(2), 520-527.

Cunniffe, B., Fallan, C., Yau, A., Evans, G. H. y Cardinale, M. (2015). Assessment of physical demands and fluid balance in elite female handball players during a 6-day competitive tournament. *Int J Sport Nutr Exerc Metab., 25*(1), 78-88.

Chapelle, L., Tassignon, B, Aerenhouts, D., Mullie, P. y Clarys, P. (2017). El estado de hidratación de las jóvenes jugadoras de élite durante un torneo oficial. *J Sports Med Phys Fitness, 57*(9), 1186-1194.

Cheuvront, S. N. y Haymes, E. M. (2001). Thermoregulation and marathon running: Biological and environmental influences. *Sports Medicine, 31*, 743-762.

Cheuvront, S. N., Carter III, R. y Sawka, M. N. (2003). Fluid balance and endurance exercise performance. *Current Sports Medicine Reports, 2*, 202-208.

Cheuvront, S. N., Carter III, R., Montain, S. J. y Sawka, M. N. (2004). Daily body mass variability and stability in active men undergoing exercise-heat stress. *International Journal of Sport Nutrition and Exercise Metabolism, 14*, 532-540.

Cheuvront, S. N., Sawka, M. N. (2005). *Hydration assessment of athletes*. Sports Science Exchange No. 97. Barrington, IL: Gatorade Sports Science Institute.

Cheuvront, S. N., Fraser, C. G., Kenefick, R. W., Ely, B. R. y Sawka, M. N. (2011). Reference change values for monitoring dehydration. Clin Chem Lab Med., *49*(6), 1033-1037.

Coyle, E. F. (2004). Fluid and fuel intake during exercise. *Journal of Sports Sciences, 22*, 39-55.

Cuellar, J. M. (2014). La FIFA aprueba las pausas en los partidos para hidratar a los futbolistas. *ABC*. Recuperado de: www.abc.es/deportes/futbol/20140313/abci-fifa-aprueba-pausas-partidos-201403131352.html

D'Anci, K. E., Constant, F. y Rosenberg, I. H. (2006). Hydration and cognitive function in children. *Nutrition Reviews, 64*(10), 457-464.

Darnell, A. (1996). Estructura y funcionalismo renal. En: P. Farreras, C. Rozman. *Medicina Interna (13ª ed)*. Barcelona: Doyma.

Da Silva, A. I. y Fernández, R. (2003). Dehydration of soccer referees during a match. *Br J Sports Med, 37* (6), 502-506.

Da Silva, A. I., Fernandes, L. C. y Fernández, R. (2011). Time motion analysis of football (soccer) referees during official matches in relation to the type of fluid consumed. *Braz J Med Biol Res.*, *44*(8), 801-809.

Dauterman, K. W., Bennett, R. G. y Greenough, I. W.B. (1995). Plasma specific gravity for identifying hypovolaemia. *J Diarrhoeal Dis Res, 13,* 33-38.

Decher, N. R., Casa, D. J., Yeargin, S. W., Ganio, M. S., Levreault, M. L., Dann. C. L. (…) y Brown, S. W. (2008). Hydration status, knowledge, and behavior in youths at summer sports camps. *Int J Sports Physiol Perform.*, *3*(3), 262-278.

Dempster, S., Britton, R., Murray, A. y Costa, R. (2013). Case Study: Nutrition and Hydration Status During 4254km of Running Over 78 Consecutive Days. *Int J Sport Nutr Exerc Metab.*, *23*(5), 533-541.

Diem, K. (1962). *Documenta Geigy Scientific Tables*. Manchester: Geigy Pharmaceutical Company Limited.

Downey, D. y Seagrave, R. C. (2000). Mathematical modelling of the human body during water replacement and dehydration: body water changes. *Annals of Biomedical Engineering, 28*(3), 278-290.

Dubnov-Raz, G., Constantini, N. W., Yariv, H., Nice, S. y Shapira, N. (2011). Influence of water drinking on resting energy expenditure in overweight children. *Int J Obes (Lond), 35*(10), 1295-1300.

Duffield, R., McCall, A., Coutts A. J. y Peiffer, J. J. (2012). Hydration, sweat and thermoregulatory responses to professional football training in the heat. *J Sports Sci.*, *30*(10), 957-965.

Edwards, A. M., Mann, M. E., Marfell-Jones, M. J., Rankin, D. M., Noakes, T. D. y Shillington, D. P. (2007). Influence of moderate dehydration on soccer performance: physiological responses to 45 min of outdoor match-play and the immediate subsequent performance of sport-specific and mental concentration tests. *Br J Sports Med.*, *41*(6), 385-391.

Edwards, A. M. y Noakes, T. D. (2009). Dehydration: cause of fatigue or sign of pacing in elite soccer? *Sports Med.*, *39*(1), 1-13.

EFSA- European Food Safety Authority (2010). Panel on Dietetic Products, Nutrition, and Allergies (NDA); Scientific Opinion on Dietary reference values for water. *EFSA Journal, 8(*3), 1459. Available online: www.efsa.europa.eu/en/efsajournal/pub/1459.htm

EHI- European Hydration Institute (2012). La European Food Safety Authority (EFSA) publica nuevas recomendaciones para la ingesta de agua en humanos. *EHIAdmin*, septiembre.

Ely, B. R., Sollanek, K. J., Chcuvront, S. N., Lieberman, H. R. y Kenefick, R. W. (2013). Hypohydration and acute thermal stress affect mood state but not cognition or dynamic postural balance. *Eur J Appl Physiol.*, *113*(4), 1027-1034.

Endo, M. Y., Kajimoto, C., Yamada, M., Miura, A., Hayashi, N., Koga, S. y Fukuba, Y. (2012). Acute effect of oral water intake during exercise on post-exercise hypotension. *Eur J Clin Nutr.*, *66*(11), 1208-1213.

Engell, D. B., Maller, O., Sawka, M. N., Francesconi, R. N., Drolet, L. y Young, A. J. (1987). Thirst and fuid intake following grades hypohydration levels in humans. *Physiology and Behavior, 40*, 229-236.

Ersoy, N., Ersoy, G. y Kutlu, M. (2016). Assessment of hydration status of elite young male soccer players with different methods and new approach method of substitute urine strip. *J Int Soc Sports Nutr.*, *2;13*(1):34.

Epstein, Y., Keren, G., Moisseiev, J., Gasco, O. y Yachin, S. (1980). Psychomotor deterioration during exposure to heat. *Aviation, Space and Environmental Medicine, 51,* 607-610.

Evans, G. H., Shirreffs, S. M. y Maughan, R. J. (2009). Postexercise rehydration in man: the effects of carbohydrate content and osmolality of drinks ingested ad libitum. *Appl Physiol Nutr Metab.*, *34*(4), 785-793.

Falk, B. y Dotan, R. (2008). Children's thermoregulation during exercise in the heat: a revisit. *Appl Physiol Nutr Metab.*, *33*(2), 420-427.

Fischbach, F. T. y Dunning, M. B. III. (2009). *Manual of Laboratory and Diagnostic Tests. (8th ed.)* Philadelphia: Lippincott Williams and Wilkins.

FNB-Food and Nutrition Board (2004). Panel on *Dietary Reference Intakes for Electrolytes and Water. En:* Institute of Medicine. *Dietary Reference Intakes for Water, Potassium, Sodium, Chloride and Sulfate.* Washington DC: National Academies Press.

Fenández-Alvira, J. M., Iglesia, I., Ferreira-Pêgo, C., Babio, N., Salas-Salvadó, J. y Moreno, L. A. (2014). Ingesta de líquidos a partir de bebidas en niños y adolescentes españoles: estudio transversal. *Nutrición Hospitalaria, 29*(5).

Fernández-Elías, V. E., Martínez-Abellán, A., López-Gullón, J. M., Morán-Navarro, R., Pallarés, J. G., Sánchez, E. C., y Mora Rodríguez, R. (2014). Validity of Hydration Non-Invasive Indices during the Weightcutting and Official Weigh-In for Olympic Combat Sports. *PLoS ONE, 9(4):* e95336.

FIFA. *F-MARC. Nutrición para el fútbol. Una guía práctica para comer y beber a fin de mejorar el rendimiento y la salud.* Basada en la Conferencia Internacional de Consenso llevada a cabo en la sede de la FIFA en Zúrich, Septiembre de 2005.

FIFA (2006). *FIFA Big Count 2006: 270 million people active in football.* Recuperadode:http://www.fifa.com/mm/document/fifafacts/ bcoffsurv/bigcount.statspackage_7024.pdf.

Fortes, L., Nascimento-Júnior, J. R. A., Mortatti, A. L., Lima-Júnior, D. R. A. A., y Ferreira, M. E. C. (2018). Effect of Dehydration on Passing Decision Making in Soccer Athletes. *Res Q Exerc Sport., 17*, 1-8.

Fortes, M. B., Diment, B. C., Di Felice, U., Gunn, A. E., Kendall, J. L., Esmaeelpour, M. y Walsh, N. P. (2011). Tear fluid osmolarity as a potential marker of hydration status. *Med Sci Sports Exerc., 43*(8), 1590-1597.

Francesconi, R. P., Hubbard, R. W., Szlyk, P. C., Schnakenberg, D., Carlson, D., Leva, N. (...) y Moore, D. (1987). Urinary and hematologic indexes of hypohydration. *J Appl Physiol.*, 1271-1276.

Freund, B. J., Montain, S. J., Young, A. J., Sawka, M. N., De Luca, J. P., Pandolf, K. B. y Valeri, C. R. (1995). Glycerol hyperhydration: hormonal, renal, and vascular fluid responses. *Journal of Applied Physiology, 79,* 2069-2077.

Fritzsche, R. G., Switzer, T. W., Hodgkinson, B. J., Lee, S. H., Martian, J. C. y Coyle, E. F. (2000). Water and carbohydrate ingestión during prolonged exercise increase maximal nueromuscular power. *Journal of Applied Physiology, 88,* 730-737.

Fudge, B. W., Easton, C., Kingsmore, D., Kiplamai, F. K., Onywera, V. O., Westerterp, K. R. (...) y Pitsiladis, Y. P. (2008). Elite Kenyan endurance runners are hydrated day-to-day with ad libitum fluid intake. *Med Sci Sports Exerc., 40*(6), 1171-1179.

Ganio, M. S., Armstrong, L. E., Casa, D. J., McDermott, B. P., Lee, C.E., Yamamoto, L. M. et al. (2011). Mild dehydration impairs cognitive performance and mood of men. *Br J Nutr., 7*, 1-9.

García, V. E., Suárez, M. E. y Martínez, B. (2010). Primeros pasos en el estudio de las alteraciones en la composición de la orina y la función renal en una consulta de Pediatría. *Can Pediatr.*, *34*(2), 93-107.

García-Ferrando, M. y Llopis, R. (2011). *Ideal democrático y bienestar personal. Encuesta sobre hábitos deportivos en España 2010.* Madrid: Universidad de Valencia, CIS y CSD.

García-Jiménez, J. V. (2009). *Reposición de líquidos y su efecto sobre niveles de deshidratación en jugadores de fútbol-sala en función de la posición ocupada en el terreno de juego.* (Tesis doctoral inédita). Universidad de Murcia. Murcia.

García-Jiménez, J. V., Yuste, J. L. y García-Pellicer, J. J. (2011). Fluid balance and dehydration in futsal players: goalkeepers vs. field players. *Revista Internacional de Ciencias del Deporte, 22*(7), 3-13.

García-Jiménez, J. V., Yuste, J. L. y García-Pellicer, J. J. (2014). Hydration Habits of Elite Field Futsal Players during Official Matches: Defenders and Forwards. *American Journal of Sports Science and Medicine, 2* (3), 88-92.

García-Jiménez, J. V., Yuste, J. L., García-Pellicer, J. J. y Hellín, M. (2015). Body mass changes and ad libitum fluid replacement in elite futsal players during oficial competition. *Journal of Human Sport and Exercise, 10*(4), 891-903.

García-Pellicer, J. J. (2009). *Reposición hídrica y su efecto sobre la pérdida de peso y deshidratación en jugadores de fútbol sala.* (Tesis doctoral inédita). Universidad de Murcia: Murcia.

Garth, A. K. y Burke, L. M. (2013). What do athletes drink during competitive sporting activities? *Sports Med., 43*(7), 539-564.

Gatterer, H., Schenk, K., Ferrari, P., Faulhaber, M., Schopp, E. y Burtscher, M. (2011). Changes in hydration status of soccer players competing in the 2008 European Championship. *J Sports Med Phys Fitness., 51*(1), 89-94.

Gerber, G. S. y Brendler, C. B. (2011). Evaluation of the urologic patient: history, physical examination, and urinalysis. En: A. J. Wein, L. R. Kavoussi, A. C. Novick, et al. (Eds.) *Campbell-Walsh Urology. (10th ed.).* Philadelphia, Pa: Elsevier Saunders.

Gibson, J. C., Stuart-Hill, L. A., Pethick, W. y Gaul, C. A. (2012). Hydration status and fluid and sodium balance in elite Canadian junior women's soccer players in a cool environment. *Appl Physiol Nutr Metab., 37*(5), 931-7.

Glace, B. G., Murphy, C. A. y McHugh, M. P. (2002). Food intake and electrolyte status of ultramarathoners competing in extreme heat. *Journal of the American College of Nutrition, 21*(6), 553-559.

Godek, S. F., Godek, J. J. y Bartolozzi, A. R. (2005). Hydration status in college football players during consecutive days of twice-a-day preseason practices. *Am J Sports Med., 33*(6), 843-851.

Godek, S. F., Bartolozzi, A. R., Peduzzi, C., Heinerichs, S., Garvin, E., Sugarman, E., Burkholder, R. (2010a). Fluid consumption and sweating in National Football League and collegiate football players with different access to fluids during pratice. *J Athl Train., 45*(2), 128-135.

Godek, S. F., Peduzzi, C., Burkholder, R., Condon, S., Dorshimer, G. y Bartolozzi, A. R. (2010b). Sweat rates, sweat sodium concentrations, and sodium losses in 3 groups of professional football players. *J Athl Train., 45*(4), 364-371.

González, J. y Villa, J. G. (2001). *Nutrición y ayudas ergogénicas en el deporte.* Madrid: Síntesis.

González, J., Sánchez, P. y Mataix, J. (2006). *Nutrición en el deporte. Ayudas ergogénicas y dopage.* España: Díaz de Santos.

González-Alonso, J., Dalsgaard, M. K., Osada, T., Volianitis, S., Dawson, E. A., Yoshiga, C. C. y Secher, N. H. (2004). Brain and central haemodynamics and oxygenation during maximal exercise in humans. *J Physiol., 557*(1), 331–342.

Gopinathan, P. M., Pichan, G., y Sharma, V. N. (1988). Role of dehydration in heat stress induced variations in mental performance. *Arch Environ Health, 43,* 15-17.

Gordon, R. E., Kassier, S. M. y Biggs, C. (2015). Hydration status and fluid intake of urban, underprivileged South African male adolescent soccer players during training. *J Int Soc Sports Nutr., 3,* 12-21.

Gorostiaga, E. M. (2004). *Adaptación al ejercicio en ambiente caluroso.* Madrid: COE.

Gorostiaga, E. M. y Olivé, R. (2007). Adaptaciones al clima y al horario de Pekín. *Comité Olímpico Español,* 15-45.

Goulet, E. D. (2012). Dehydration and endurance performance in competitive athletes. *Nutrition Reviews, 70*(2), 132-136.

Grandjean, A. C., Reimers, K. J. y Buyckx, M. E. (2003). Hydration: Issues for the 21st Century. *Nutrition Reviews, 61*(8), 261-271.

Grandjean, A. C. y Campbell, S. M. (2006). *Hidratación: Líquidos para la Vida.* México D.C.: ILSI de México A.C.

Gudivaka, R., Schoeller, D. A., Kushner, R. F. y Bolt, M. J. G. (1999). Single and multifrequency models for bioelectrical impedance analysis of body water compartments. *Journal of Applied Physiology, 87*, 1087-1096.

Guelinckx, I., Frémont-Marquis, A. S., Eon, E., Kavouras, S. A. y Armstrong, L. E. (2015). Assessing hydration in children: from Science to practice. Ann Nutr Metab., 66(3), 5-9.

Guerra, I., Chaves, R., Barros, T. y Tirapegui, J. (2004). The influence of fluid ingestión on performance of soccer players during a match. *Journal of Sports Science and Medicine, 3*, 198-202.

Guthrie, R. M., Lott, J. A., Kriesel, S. y Miller, I. L. (1987). Does the urine dipstick meet medical needs for urine specific gravity? *J Fam Pract.,* 25, 512-514.

Guyton, A. C. (1984). *Fisiología humana (5ª ed.).* Madrid: Emalsa.

Guyton, A. C. y Hall, J. E. (2011). *Tratado de fisiología médica (12ª ed.).* Barcelona: Elsevier.

Hackney, A. C., Coyne, J. T., Pozos, R., Feith, S. y Seale, J. (1995). Validity of urine-blood hydrational measures to assess total body water changes during mountaineering in the sub-Arctic. *Arct Med Res, 54*, 69-77.

Hamouti, N., Estévez, E., Del Coso, J. y Mora, R. (2007). Fluid balance and sweat sodium concentration in elite indoor team sport players during training. Comunicación presentada en 12th Annual Congress of the ECSS. Jyvaskyla: ECSS.

Hamouti, N., Del Coso, J., Avila, A. y Mora, R. (2010). Effects of athletes muscle mass on urinary markers of hydration status. *Eur J Appl Physiol., 109*(2), 213-219.

Hamouti, N., Del Coso, J. y Mora, R. (2013). Comparison between blood and urinary fluid balance indices during dehydrating exercise and the subsequent hypohydration when fluid is not restored. *Eur J Appl Physiol., 113*(3), 611-620.

Harper, L. D., Briggs, M. A., McNamee, G., West, D. J., Kilduff, L. P., Stevenson, E. y Russell M. (2016). Physiological and performance effects of carbohydrate gels consumed prior to the extra-time period of prolonged simulated soccer match-play. *J Sci Med Sport, 19*(6), 509-14.

Harvey, G., Meir, R., Brooks, L. y Holloway, K. (2007). The use of body mass changes as a practical measure of dehydration in team sports. *J Sci Med* Sport, 11(6), 600-603.

Hawley, J. A., Dennis, S. C. y Noakes, T. D. (1994). Carbohydrate, fluid, and electrolyte requirements of the soccer player: a review. *Int J Sport Nutr., 4*(3), 221-236.

Heird, W.C. (2004). Nutritional Requeriments. En: R. E. Behrman, R. M. Klieg-man, H.B. Jenson (Eds). *Nelson Textbook of Pediatrics (17th ed.).* Philadelphia: Saunders.

Hernandez, A. J. y Nahas, R. M. (2009). Cambios en la dieta, la sustitución del agua, suplementos alimenticios y medicamentos: evidencias de acción ergogénica y los riesgos potenciales para la salud. *Rev. Bras. Avg. Sport, 15*(3), 3-12.

Higham, D. G., Naughton, G. A., Burt, L. A. y Shi, X. (2009). Comparison of fluid balance between competitive swimmers and less active adolescents. *Int J Sport Nutr Exerc Metab., 19*(3), 259-274.

Hornery, D. J., Farrow, D., Mujika, I. y Young, W. (2007). An integrated physiological and performance profile of professional tennis. *Br J Sports Med., 41*, 531-536.

Hostler, D., Bednez, J. C., Kerin, S., Reis, S. E., Kong, P. W., Morley, J., Gallagher, M. y Suyama, J. (2010). Comparison of rehydration regimens for rehabilitation of firefighters performing heavy exercise in thermal protective clothing: a report from the fireground rehab evaluation (fire) trial. *Prehosp Emerg Care., 14*(2), 194-201.

Houssein, M., Lopes, P, Fagnoni, B, Ahmaidi, S, Yonis, S. M.y Leprêtre, P. M. (2016). Hydration: The New FIFA World Cup's Challenge for Referee Decision Making? *J Athl Train.,51*(3), 264-6.

Iglesias, C., Villarino, A. L., Martínez, J. A., Cabrerizo, L., Gargallo, M., Lorenzo, H. (...) Salas-Salvadó, J. (2011). Importancia del agua en la hidratación de la población española: documento FESNAD 2010. *Nutr. Hosp., 26*(1), 27-36.

Inbar, O, Morris, N., Epstein, Y. y Gass, G. (2004). Comparison of thermoregulatory responses to exercise in dry heat among prepubertal boys, young adults and older males. *Exp Physiol., 89*(6), 691-700.

Irwin, C., Campagnolo, N., Iudakhina, E., Cox, G. R. y Desbrow, B. (2018). Effects of acute exercise, dehydration and rehydration on cognitive function in well-trained athletes. *J Sports Sci., 36*(3), 247-255.

Institute of Medicine (2005). Water. En: Institute of Medicine (Ed.), *Dietary Reference Intakes for Water, Sodium, Cholride, Potassium and Sulfate,* 73-185. Washington, D.C: National Academy Press.

Jacques, E. (2012). Promoting healthy drinking habits in children. *Nurs Times, 108*(41), 20-21.

James, L. J., Moss, J., Henry, J., Papadopoulou, C.2 y Mears S. A. (2017). Hypohydration impairs endurance performance: a blinded study. *Physiol Rep., 5*(12).

Jéquier, E. y Constant, F. (2010). Water as an essential nutrient: the physiological basis of hydration. *Eur J Clin Nutr., 64*(2), 115-123.

Jetton, A. M., Lawrence, M. M., Meucci, M., Haines, T. L., Collier, S. R., Morris, D. M. y Utter, A.C. (2013). Dehydration and acute weight gain in mixed martial arts fighters before competition. *J Strength Cond Res., 27*(5), 1322-6.

Kaushik, A., Mullee, M. A., Bryant, T. N. y Hill, C. M. (2007). A study of the association between children's access to drinking water in primary schools and their fluid intake: can water be 'cool' in school? *Child Care Health Dev., 33*(4), 409-415.

Kavouras, S. (2002). Assessing hydration status. *Curr Opin Clin Nutr Metab Care, 5*, 519-524.

Kavouras, S. A., Armstrong, L. E., Maresh, C. M., Casa, D. J., Herrera-Soto, J. A., Scheett, T. P (...) Kraemer W. J. (2005). Rehydration with glycerol: endocrine, cardiovascular and thermoregulatory responses during exercise in heat. *J. Appl. Physiol., 100*(2), 442-50.

Kavouras, S. A., Arnaoutis, G., Makrillos, M., Garagouni, C., Nikolaou, E., (...) y Sidossis, L. S. (2012). Educational intervention on water intake improves hydration status and enhances exercise performance in athletic youth. *Scand J Med Sci Sports, 22*(5), 684-689.

Kavouras, S. A., Johnson, E. C., Bougatsas, D., Arnaoutis, G., Panagiotako, D. B., Perrier, E. y Klein, A. (2016). Validation of a urine color scale for assessment of urine osmolality in healthy children *European Journal of Nutrition, 55*(3), 907-15.

Kawauchi, A., Watanabe, H. y Miyoshi, K. (1996). Early morning urine osmolality in non-enuretic and enuretic children *Pediatr. Nephrol., 10*, 696-698.

Kenefick, R. W. y Cheuvront, S. N. (2012). Hydration for recreational sport and physical activity. *Nutr Rev., 70*(2), 137-142.

Kilding, A. E., Tunstall, H., Wraith, E., Good, M., Gammon, C. y Smith, C. (2009). Sweat rate and sweat electrolyte composition in international female soccer players during game specific training. *Int J Sports Med., 30*(6):443-7.

Kingsley, M., Peñas-Ruiz, C., Terry, C. y Russell, M. (2014). Effects of carbohydrate-hydration strategies on glucose metabolism, sprint performance and hydration during a soccer match simulation in recreational players. *Sci Med Sport, 17*(2), 239-243.

Kleiner, S. M. (1999). Water and essential but overlooked nutrient. *Journal of the American Dietetic Association, 99*(2), 200-206.

Knechtle, B., Duff, B., Schulze, I. y Kohler, G. (2008). A multi-stage ultra-endurance run over 1,200 km leads to a continuous accumulation of total body water. *Journal of Sports Science and Medicine, 7,* 357-364.

Knechtle, B., Baumann, B., Wirth, A., Knechtle, P. y Rosemann, T. (2009a). Does a multi-stage ultra-endurancerun cause de or- hyperhydration? *Journal of Athletic Training, 44*(6), 624-629.

Knechtle, B., Knechtle, P., Kaul, R. y Kohler, G. (2009b). No Change of Body Mass, Fat Mass, and Skeletal Muscle Mass in Ultraendurance Swimmers After 12 Hours *Research Quarterly for Exercise and Sport; 80,* 17-24.

Knechtle, B., Knechtle, P., Rosemann, T. y Senn, O. (2009c). No dehydration in mountain bike ultra-marathoners. *Clin. J. Sport Med., 19,* 415-20.

Knechtle, B., Baumann, B., Wirth, A., Knechtle, P. y Rosemann, T. (2010a). Male ironman triathletes lose skeletal muscle mass. *Asia Pac J Clin Nutr, 19*(1), 91-97.

Knechtle, B., Knechtle, P., Rosemann, T. y Oliver, S. (2010b). A Triple Iron Triathlon Leads to a Decrease in Total Body Mass But Not to Dehydration. *Research Quarterly for Exercise and Spor, 81,* 34-41.

Knechtle, B., Wirth, A., Knechtle, P., Rosemann, T. y Senn, O. (2011). Do ultra-runners in a 24-h run really dehydrate? *Ir J Med Sci., 180*(1), 129-134.

Koulmann, N., Jimenez, C. y Regal, D. (2000). Use of bioelectrical impedance analysis to estimate body fluid compartments after acuse variations of the body hydration level. *Med Sci Sports Exerc., 32,* 857-864.

Kovacs, E. M., Senden, J. M. y Brouns, F. (1999). Urine color, osmolality, and specific electrical conductance are not accurate measures of hydration status during post-exercise rehydration. *J Sports Med Phys Fitness, 39,* 47-53.

Kurdak, S. S., Shirreffs, S. M., Maughan, R. J., Ozgünen, K. T., Zeren, C., Korkmaz, S. (...) y Dvorak, J. (2010). Hydration and sweating responses to hot-weather football competition. *Scand J Med Sci Sports, 20*(3), 133-139.

Kutlu, M. y Guler, G. (2006). Assessment of hydration status by urinary analysis of elite junior taekwon-do athletes in preparing for competition. *Journal of Sports Sciences, 24*(8), 869-873.

Kutz, F. W., Cook, B. T., Carter-Pokras, O. D., Brody, D. y Murphy, R. S. (1992). Selected pesticide residues and metabolites in urine from a survey of the U. S. general population. *J. Toxicol. Environ. Health., 37*, 277-291.

Laso, M. C. (2002). Interpretación del análisis de orina. *Arch.argent.pediatr., 100*, 179-183.

Latzka, W. A., Sawka, M. N., Montain, S. J., Skrinar, G. S., Fielding, R. A., Matott, R. P. y Pandolf, K. B. (1997). Hyperhydration: Thermoregulatory effects during compensable exercise-heat stress. *Journal of Applied Physiology, 83,* 860-866.

Latzka, W. A., Sawka, M. N. y Montain, S. J. (1998). Hyperhydration: tolerance and cardiovascular effects during uncompensable exercise-heat stress. *Journal of Applied Physiology, 84,* 1858-1864.

Laursen, P. B., Suriano R, Quod, M. J., Lee, H., Abbiss, C. R., Nosaka, K., Martin, D. T. y Bishop, D. (2006). Core temperature and hydration status during an Ironman triathlon. *Br J Sports Med., 40*, 320–325.

Laursen, P. B., Watson, G., Abbiss, C. R., Wall, B. A. y Nosaka, K. (2009). Hyperthermic fatigue precedes a rapid reduction in serum sodium in an ironman triathlete: a case report. *Int J Sports Physiol Perform., 4*(4), 533-7.

Lee, B.,O'Hara, J. P., Till, K. y King, G. J. (2014). Dehydration and hyponatremia in professional rugby union players; a cohort study observing English Premiership Rugby Union Players during match play, field and gym training in cool environmental conditions. *J Strength Cond Res.* Jul 15. [Epub ahead of print]

Lieberman, H. R. (2012). Methods for assessing the effects of dehydration on cognitive function. *Nutr Rev, 70* (2), 143-146.

Logan-Sprenger, H M , Heigenhauser, G. J., Killian, K. J. y Spriet, L. L. (2012). The effects of dehydration during cycling on skeletal muscle metabolism in females. *Med Sci Sports Exerc., 44*(10), 1949-1957.

López, A. (1997). *Repercusiones renales del ejercicio intenso. Estudio bioquímico-antropométrico en nadadores adolescentes.* (Tesis doctoral inédita). Universidad de Málaga. Málaga.

López, J. y Fernández, A. (2006). *Fisiología del ejercicio (3ª ed.).* Buenos Aires, Madrid: Editorial Médica Panamericana.

López-Mata, M. A., Ruiz-Cruz, S., Valbuena-Gregorio, E. y Valenzuela-Chávez, M. L. (2012). Cambios en la respuesta urinaria tras la práctica del fútbol. *E-balonmano.com: Revista de Ciencias del Deporte, 8* (1), 25-33.

Lott, M. J. y Galloway, S. D. (2011). Fluid balance and sodium losses during indoor tennis match play. *Int J Sport Nutr Exerc Metab., 21*(6), 492-500.

Love, T. D., Baker, D. F., Healey, P y Black K. E. (2018). Measured and perceived indices of fluid balance in professional athletes. The use and impact of hydration assessment strategies. *Eur J Sport Sci., 18*(3), 349-356.

MacLeod, H. y Sunderland, C. (2009). Fluid balance and hydration habits of elite female field hockey players during consecutive international matches. *J Strength Cond Res., 23*(4), 1245-1251.

MacLeod, H., Cooper, S., Bandelow, S., Malcolm, R. y Sunderland, C. (2018). Effects of heat stress and dehydration on cognitive function in elite female field hockey players. *BMC Sports Sci Med Rehabil., 10*,12.

Manz, F. y Wentz, A. (2003). 24-h hydration status: parameters, epidemiology and recommendations. *Eur J Clin Nutr., 57*(2), 10-18.

Marfell-Jones, M., Olds, T., Stewart, A. D. y Carter, J. E. L. (2006). *International Standards for Anthropometric Assessment.* Potchesfstroom, South Africa: ISAK.

Martínez, A. (2015). *Niveles de deshidratación alcanzados en escolares durante la práctica deportiva extraescolar.* (Tesis doctoral inédita). Universidad de Murcia: Murcia.

Martins, M., Aparecida, J., Kleverson, J., Works, R. H., Wagner, R, Bohn, J. H., y Coppi, A. (2007). A desidrataçao corporal de atletas amadores de futsal. *Revista Brasileira de Prescriçâo e Fisiologia do Exercício*, 1(5), 24-36.

Mascherini, G., Gatterer, H., Lukaski, H., Burtscher, M. y Galanti, G. (2015). Changes in hydration, body-cell mass and endurance performance of professional soccer players through a competitive season. *J Sports Med Phys Fitness. 55*(7-8), 749-755.

Mataix, J. (2008). *Fisiología de la hidratación y nutrición hídrica.* Edita y colabora Compañía de Sevicios de Bebidas Refrescantes (Coca-Cola España).

McDermott, B. P., Anderson, S. A., Armstrong, L. E., Casa, D. J., Cheuvront, S. N., Cooper, L., Kenney, W. L., O'Connor, F. G. y Roberts, W. O. (2017). National Athletic Trainers' Association Position Statement: Fluid Replacement for the Physically Active. J Athl Train., 52(9), 877-895.

McGregor, S. J., Nicholas, C. W., Lakomy, H. K. y Williams, C. (1999). The influence of intermittent high-intensity shuttle running and fluid ingestion on the performance of a soccer skill. *J Sports Sci.*, *17*(11), 895-903.

McNab, S., Ware, R. S., Neville, K. A., Choong, K., Coulthard, M. G., Duke, T., Davidson, A. y Dorofaeff, T. (2014). Isotonic versus hypotonic solutions for maintenance intravenous fluid administration in children. *Cochrane Database Syst Rev.18*, 12:CD009457.

Maughan, R. J. y Leiper, J. B. (1995). Sodium intake and post-exercise rehydration in man. *European Journal of Applied Physiology and Ocupational Physiology, 71*(4), 311-319.

Maughan, R. J. y Gleeson, M. (2004a). *The Biochemical Bases of Sports Performance.* Oxford: Oxford University Press.

Maughan, R. J., Merson, S. J., Broad, N. P. y Shirreffs, S. M. (2004b). Fluid and electrolyte intake and loss in elite soccer players during training. *Int J Sport Nutr Exerc Metab.*, *14*(3), 333-346.

Maughan, R. J., Shirreffs, S. M., Merson, S. J. y Horswill, C. A. (2005). Fluid and electrolyte balance in elite male football (soccer) players training in a cool environment. *J Sports Sci.*, *23*(1), 73-79.

Maughan, R. J. y Shirreffs, S. M. (2007a). Nutrition and hydration concerns of the female football player. *Br J Sports Med.*, *41*(I), 60-63.

Maughan, R. J., Watson, P., Evans, G. H., Broad, N. y Shirreffs, S. M. (2007b). Water balance and salt losses in competitive football. *Int J Sport Nutr Exerc Metab.*, *17*(6), 583-594.

Maughan, R. J. y Shirreffs, S. M. (2008). Development of individual hydration strategies for athletes. *Int J Sport Nutr Exerc Metab.*, *18*(5), 457-472.

Maughan, R. J. y  Shirreffs, S. M. (2010a). Development of hydration strategies to optimize performance for athletes in high-intensity sports and in sports with repeated intense efforts. *Scand J Med Sci Sports*, *20*(2), 59-69.

Maughan, R. J., Shirreffs, S. M., Ozgünen, K. T., Kurdak, S. S., Ersöz, G., Binnet, M. S. y Dvorak, J. (2010b). Living, training and playing in the heat: challenges to the football player and strategies for coping with environmental extremes. *Scand J Med Sci Sports. 20*(3), 117-124.

Maughan, R. J. y Shirreffs, S. M. (2010c). Dehydration and rehydration in competitive sport. *Scand J Med Sci Sports, 20*(3), 40-47.

Maughan, R. J. (2012). Investigating the associations between hydration and exercise performance: methodology and limitations. *Nutr Rev., 70*(2), 128-131.

Maughan, R. J., Otani, H. y Watson, P. (2012). Influence of relative humidity on prolonged exercise capacity in a warm environment. *Eur j appl physiol., 112*(6), 2313-21.

Maughan, R. J. y Meyer, N. L. (2013). Hydration during intense exercise training. *Nestle Nutr. Inst. Workshop Ser., 76*, 25-37.

McDermott, B. P., Casa, D. J., Yeargin, S. W., Ganio, M. S., Lopez, R. M. y Mooradian, E. A. (2009). Hydration status, sweat rates, and rehydration education of youth football campers. *J Sport Rehabil., 18*(4), 535-552.

McPherson, R. A. y Ben-Ezra, J. (2011). Basic examination of urine. En: R. A. McPherson y M. R. Pincus (editors). *Henry's Clinical Diagnosis and Management by Laboratory Methods. (22nd ed.).* Philadelphia, Pa: Elsevier Saunders, chap 28.

Mears, S. A. y Shirreffs, S. M. (2013). The effects of high-intensity intermittent exercise compared with continuous exercise on voluntary water ingestion. *Int J Sport Nutr Exerc Metab., 23*(5), 488-497.

Meeusen, R. y Decroix, L. (2018). Nutritional Supplements and the Brain. Int J Sport *Nutr Exerc Metab., 1, 28*(2), 200-211.

Merson, S. J, Maughan, R. J. y Shirreffs, S. M. (2008). Rehydration with drinks differing in sodium concentration and recovery from moderate exercise-induced hypohydration in man. *Eur J Appl Physiol., 103*(5), 585-594.

Meyer, F., Bar-Or, O., Salsberg, A. y Passe, D. (1994). Hypohydration during exercise in children: effect on thirst, drink preferences, and rehydration. *Int J Sport Nutr. 4*(1), 22-35.

Micheli, M. L, Pagani, L., Marella, M., Gulisano, M., Piccoli, A., Angelini, F., Burtscher, M. y Gatterer, H. (2014). Bioimpedance and impedance vector patterns as predictors of league level in male soccer players. *Int J Sports Physiol Perform., 9*(3), 532-9.

Montfort-Steiger, V. y Williams, C. A. (2007). Carbohydrate intake considerations for young athletes. *J Sports Sci Med., 6*(3), 343–352.

Morente, A., Yuste J. L., Pérez, J. A. y Llorente-Cantarero, F. J. (2017). Effects of an official football-7 match on hydration status on a team of prepubertal children: Pilot Study. *Journal of Sport and Health Research. 9*(3), 291-300.

Montain, S. J. y Coyle, E. F. (1992). Influence of graded dehydration on hyperthermia and cardiovascular drift during exercise. *Journal of Applied Physiology, 73,* 1340-1350.

Montain, S. J., Cheuvront, S. N. y Sawka, M. N. (2006). Exercise-associated hyponatremia: quantitative analysis for understand the aetiology. *British Journal of Sports Medicine, 40,* 98-106.

Moriguchi, T., Tomoda, A., Ichimura, S., Odagiri, Y., Inoue, S., Nagasawa, T. (…) y Shimumitsu, T. (2004). Significance of post-exercise increment of urinary bicarbonate and pH in subjects loaded with submaximal cycling exercise. *Tohoku J Exp Med. 202*, 203-211.

Moritz, M. L. (2013). Case studies in fluid and electrolyte therapy. *J Infus Nurs, 36*(4), 270-277.

Mudge, G. y Weiner, I. (1990). Agents affecting volumen and composition of body fluids. En: A. Goodman, A. Gilman, T. Rall, A. Nies y P. Taylor (eds.), *Goodman and Gilman's The Pharmacological Basis of Therapeutics. Elmsford,* New York: Pergamon Press.

Mueller, S. M., Anliker, E., Knechtle. P., Knechtle, B. y Toigo, M. (2013). Changes in body composition in triathletes during an Ironman race. *Eur J Appl Physiol.113*(9), 2343-52.

Muñoz, C. X., Johnson, E. C., Demartini, J. K., Huggins, R. A., McKenzie, A. L., Casa, D. J., Maresh, C. M. y Armstrong, L. E. (2013). Assessment of hydration biomarkers including salivary osmolality during passive and active dehydration. *Eur J Clin Nutr., 67*(12), 1257-1263.

Murray, B. (2007). Hydration and physical performance. *J Am Coll Nutr. 26*(5), 542-548.

Murray, R. (1996). Dehydration, hyperthermia, and athletes: science and practice. *Journal of Atletic Training, 31*(3), 248-252.

National Collegiate Athletic Association. NCAA. (2015) Urine Color Chart. Available at: http://www.ncaa.org/sites/default/files/NCAA_UrineChart.pdf. Accessed March 7.

Niescierenko, M. y Bachur, R. (2013). *Advances in pediatric dehydration therapy Curr Opin Pediatr, 25*(3), 304-309.

Nuccio, R. P., Barnes, K. A., Carter, J. M. y Baker, L. B. (2017). Fluid Balance in Team Sport Athletes and the Effect of Hypohydration on Cognitive, Technical, and Physical Performance, *Sports Med., 47*(10), 1951-1982.

O'Brien, C., Freund, B. J., Sawka, M. N. McKay, J., Hesslink, R. L. y Jones, T. E. (1996). Hydration assessment during cold-weather military field training exercises. *Arctic Med Res., 55*(1), 20-6.

O'Brien, C., Young, A. J. y Sawka, M. N. (1998). Hypohydration and thermoregulation in cold air. *Journal of Applied Physiology, 84*, 185-189.

O'Brien, C., Freund, B. J., Young, A. J. y Sawka M. N. (2005). Glycerol hyperhydration: physiological responses during coldair exposure. *J. Appl. Physiol., 99*, 515-521.

O'Hara, J. P., Jones, B. L., Tsakirides, C., Carroll, S., Cooke, C. B. y King, R. F. (2010). Hydration status of rugby league players during home match play throughout the 2008 Super League season. *Appl Physiol Nutr Metab., 35*(6), 790-796.

Oppliger, R. A. y Bartok C. (2002). Hydration Testing of Athletes. *Sports Medicine, 32*(15), 959-971.

Ortega, F. B., Ruiz, J., Castillo, M. J. y Gutiérrez, A. (2004). Hyponatremia in Ultraendurance exercises. Effects on Health and performance. *Arch Latinoam Nutr., 54*(2),155-164.

Osterberg, K. L., Horswill, C. A. y Baker, L. B.(2009). Pregame urine specific gravity and fluid intake by National Basketball Association players during competition. *J Athl Train., 44*(1), 53-57.

Owen, J. A., Kehoe, S. J. y Oliver, S. J. (2013). Influence of fluid intake on soccer performance in a temperate environment. *J Sports Sci., 31*(1), 1-10.

Ozgünen, K. T., Kurdak, S. S, Maughan, R. J., Zeren, C., Korkmaz, S., Yazici, Z. (...) y Dvorak, J. (2010). Effect of hot environmental conditions on physical activity patterns and temperature response of football players. *Scand J Med Sci Sports, 20* (3), 140-147.

Padrao, P., Neto, M., Pinto, M., Oliveira, A. C., Moreira, A. y Moreira, P. (2016). Urinary hydration biomarkers and dietary intake in children. *Nutr Hosp, 33*(3), 35-40.

Pagana, K. D. y Pagana, T. J. (2010). *Mosby's Manual of Diagnostic and Laboratory Tests. (4th ed.),* St. Louis: Mosby Elsevier

Palacios, N., Franco, L., Manonelles, P., Manuz, B. y Villegas, J. A. (2008). Consenso sobre bebidas para el deportista. Composición y pautas de reposición de líquidos. *Archivos de Medicina del Deporte, 126*(25), 245-258.

Park, S. G., Bae, Y. J., Lee, Y. S. y Kim, B. J. (2012). Effects of rehydration fluid temperature and composition on body weight retention upon voluntary drinking following exercise-induced dehydration. *Nutr Res Pract., 6*(2), 126-131.

Patel, A.V., Mihalik, J. P., Notebaert, A. J., Guskiewicz, K. M. y Prentice, W. E. (2007). Neuropsychological performance, postural stability, and symptoms after dehydration. *Journal of Athletic Training, 42*(1), 66-75.

Peacock, O. J., Stokes, K. y Thompson, D. (2011). Initial hydration status, fluid balance, and psychological affect during recreational exercise in adults. *J Sports Sci., 29*(9), 897-904.

Pérez, M. (2006). Función renal y ejercicio físico. En: J. López y A. Fernández. *Fisiología del ejercicio (3ª ed.).* Buenos Aires, Madrid: Editorial Médica Panamericana.

Perrier, E. T., Buendia-Jimenez, I., Vecchio, M. C., Armstrong, L. E., Tack, I. y Klein, A. (2015). Twenty-Four-Hour Urine Osmolality as a Physiological Index of Adequate Water Intake. *Disease Markers* ID 231063, Extraído de: http://dx.doi.org/10.1155/2015/231063 el 25/03/2015.

Perrier, E. T., Johnson, E. C., McKenzie, A. L., Ellis, L. A. y Armstrong, L. E. (2016). Urine colour change as an indicator of change in daily water intake: a quantitative analysis. *Eur J Nutr., 55*(3):907-15.

Perry, C. S., Rapinett, G., Glaser, N. S. y Ghetti, S. (2015). Hydration status moderates the effects of drinking water on children's cognitive performance. *Appetite. 10,* 95, 520-527.

Peter-Contesse, R., Favre, H. y Didisheim, L. (1985). Repercussions renales et urinaires d'un marathon. *Rundschau Med. (Praxis), 74*(10), 237-242.

Pettersson, S. y Berg, C. M. (2014). Hydration status in elite wrestlers, judokas, boxers, and taekwondo athletes on competition day. *Int J Sport Nutr Exerc Metab., 24*(3), 267-75.

Peacock, O. J., Stokes, K. y Thompson, D. (2011). Initial hydration status, fluid balance, and psychological affect during recreational exercise in adults. *J Sports Sci., 29*(9), 897-904.

Phillips, S. M., Sykes, D. y Gibson N. (2014). Hydration Status and Fluid Balance of Elite European Youth Soccer Players during Consecutive Training Sessions. *J Sports Sci Med.*, *13*(4), 817-822.

Poortmans, J. R. (1985). Postexercise proteinuria in humans. Facts and mechanisms. *Jama*, *25*, 236-240.

Popowski, L. A., Oppliger, R. A., Lambert, G. P., Johnson, R. F., Johnson A. K. y Gisolf, C. V. (2001). Blood and urinary measures of hydration status during progressive acute dehydration. *Med Sci Sports Exerc.*, *33*(5), 747-753.

Purvis, A. J. y Cable, N. T. (2002). The effects of phase controls materials on hand skin temperature within globes of soccer goalkeepers. En: T. Reilly y J. Greeves (Eds.), *Advances in Sport, Leisure and Ergonomics.* United Kingdom: Routledge.

Racinais, S., Alonso, J. M., Coutts, A. J., Flouris, A. D., Girard, O., González-Alonso, J., Hausswirth, C., Jay, O., Lee, J. K., Mitchell, N., Nassis, G. P., Nybo, L., Pluim, B. M., Roelands, B., Sawka, M. N., Wingo, J. E. y Périard, J. D.(2015). Consensus recommendations on training and competing in the heat. Scand J Med Sci Sports., 25 (1), 6-19.

R.A.E. (2014). *Diccionario de la Lengua Española* (*23ª ed.*, actualización 2017). Recuperado de http://www.rae.es/diccionario-de-la-lengua-espanola/la-23a-edicion-2014.

Reale, R., Slater, G. J., Cox, G. R., Dunican, I. C. y Burke, L. M. (2018). The Effect of Water Loading on Acute Weight Loss Following Fluid Restriction in Combat Sports Athletes. *International journal of sport nutrition and exercise metabolism, 28*, 6, 565-573.

Reese, J. (1991). Fluid volumen déficit, chapters 1 and 2. En: M. Maas, et al. (Ed.), *Nursing Diagnoses and interventions for the elderly.* Redwood City, C.A: Addison-Wesley Nursing.

RFEF-Real Federación Española de Fútbol (2012). *Licencias 2011 2012. Fútbol, fútbol sala, clubes y equipos.* Recuperado de http://www.rfef/FCKeditor/ User Files/ File/ DESIGNACIONES%20ARBITRALES%2020122013/licencias_2011_2012.pdf

Rico-Sanz, J., Frontera, W. R., Rivera, M., Rivera-Brown, A. M., Mole, P. y Meredith, C. (1996). Efects of hyperhydration on total body water, temperature regulation and performance of elite young soccer players in a warm climate. *International Journal of Sports Medicine, 17*(2), 85-91.

Ritz, P. y Berrut, G. (2005). The importance of good hydration for day-to-day health. *Nutrition Reviews, 63*(6), 6-13.

Riva, E., Rottoli, A., Castelli, L., Magno, F., Paccanelli, S. y Giovanni, M. (1984). Valutazione di alcuni parametri del metabolismo idrosalino in età pediatrica. *Min. Ped., 36*, 667-672.

Rivera, C. A. E., Sánchez, G. J. M., Escalante, J. y Caballero, L. O. (2008). Utilidad de la densidad urinaria en la evaluación del rendimiento físico. *Rev Latinoamer Patol Clin, 55* (4), 239-253.

Rivera- Brown, A. M., Gutiérrez, R., Gutiérrez, J. C., Frontera, W. R. y Bar-Or, O. (1999). Drink composition, voluntary drinking, and fluid balance in exercising, trained, heat-acclimatized boys. *Journal of Applied Physiology, 86*, 78-84.

Rivera-Brown, A. M., Ramírez-Marrero, F. A., Wilk, B. y Bar-Or, O. (2008). Voluntary drinking and hydration in trained, heat-acclimatized girls exercising in a hot and humid climate. *Eur J Appl Physiol., 103*(1), 109-116.

Rivera-Brown, A. M. y De Félix-Dávila, R. A. (2012). Hydration status in adolescent judo athletes before and after training in the heat. *Int J Sports Physiol Perform., 7*(1), 39-46.

Robers, F. y Manz, F. (1996). Zur Flüssigkeitsversorgung im Kindesalter. *Sozialpäd. KiPra. 18*, 85–89.

Rodriguez, L., Azevedo, A. R., Seabra, A., Padrao, P. y Moreira, P. (2016). Dietary intake according to hydration status in 9-10 year-old soccer players. *Nutr Hosp. 13*, 33(3), 315.

Rosés, J. M. y Pujol, P. (2006). Hidratación y Ejercicio Físico. *Apunts de Medicina del Deporte, 150*, 70-77.

Rowland, T. (2011). Fluid replacement requirements for child athletes. *Sports Med., 1, 41*(4), 279-88.

Rowland, T. (2011). Fluid replacement requirements for child athletes. *Sports Med., 1, 41*(4), 279-88.

Salum, A. y Fiamoncini, R. L. (2006). Controle de peso corporal por desidratçaô de atletas profissionais de futebol. *Revista de Educación Física y Deportes,* 10 (92). Recuperado de http://www.efdeportes.com/efd92/desidrat.htm.

Saunders, M. J., Blevins, J. E. y Broeder, C. E. (1998). Effects of hydration changes on bioelectrical impedance in endurance trained individuals. *Med. Sci. Sports Exerc., 30*, 885-892.

Sánchez-Valverde, F., Moráis, A., Ibáñez, J., Dalmau, J. y Comité de Nutrición de la Asociación Española de Pediatría. (2014). Recomendaciones nutricionales para el niño deportista. *An Pediatr, 81*(2), 125.e1-125.e6.

Recuperado de http://analesdepediatria.elsevier.es el 25/02/2015.

Sawka, M. N. (1992). Physiological concequences of hypohydration: exercise performance and thermoregulation. *Medicine and Science in Sports and Exercise, 24*, 657-670.

Sawka, M. N., Wenger, C. B., y Pandolf, C. B. (1996). Thermoregulatory responses to acute exercise heat stress and heat acclimation. En: C. M. Blatteis y M. J. Fregly (Eds.), *Handbook of Physiology, Section 4: Environmental Physiology.* New York: Oxford University Press for the American Physiological Society.

Sawka, M. N. y Young, A. J. (2005a). Physiological systems and their responses to conditions of heat and cold. En: C. M. Tipton, M. N. Sawka, C. A. Tate, y R. L. Terjung (Eds.), *ACSM's Advanced Exercise Physiology* (535-563). Baltimore, MD: Lippincott, Williams & Wilkins.

Sawka, M. N., Cheuvront, S. N. y Carter, R. (2005b). Human water needs. *Nutr Rev., 63*, 30-39.

Sawka, M. N., Burke, L., Eichner, E., Maughan, R., Montain, S., y Stachenfeld, N. (2007). American College of Sports Medicine Position Stand. Exercise and fluid replacement. *Medicine and Science in Sports and Exercise, 39*, 377-390.

Schenk, K.1, Bizzini, M. y Gatterer, H. (2018). Exercise physiology and nutritional perspectives of elite soccer refereeing. *Scand J Med Sci Sports., 28*(3), 782-793.

Schwellnus, M. P., Drew, N. y Collins, M. (2011). Increased running speed and earlier rather than dehydration cramps or serum sodium predict changes muscle cramps associated with exercise: a prospective cohort of 210 Ironman triathletes. *Br J Sports Med., 45*(8), 650-656.

Sécher, M. y Ritz, P. (2012) Hydration and cognitive performance. *J Nutr Health Aging, 16*(4), 325-329.

Senay, L. C. Jr. y Christensen, M. L. (1965). Changes in blood plasma during progresive dehydration. *Journal of Applied Physiology, 20*, 1136-1140.

Sharma, V. M., Sridharan, K., Pichan. G., y Panwar, M. R. (1986). Influence of heat-stress induced dehydration on mental functions. *Ergonomics, 29*(6), 791-799.

Sharwood, K., Collins, M., Goedecke, J., Wilson, G. y Noakes, T. (2002). Weight changes, levels of sodium, and performance in the Ironman triathlon Sudáfric. *J Sport Med, 12*(6), 391-399.

Shibasaki, M., Inoue, Y., Kondo, N. e Iwata, A. (1997). Thermoregulatory responses of prepubertal boys and young men during moderate exercise. *Eur J Appl Physiol Occup Physiol., 75*(3), 212-218.

Shirreffs, S. M. y Maughan, R. J. (1998). Urine osmolality and conductivity as indices of hydration status in athletes in the heat. *Medicine and Science in Sports and Exercise, 30*, 1598-1602.

Shirreffs, S. M. (2003). Markers of hydration status. *European Journal of Clinical Nutrition, 57*(2), 6-9.

Shirrefs, S. M., Aragón, L. F., Chamorro, M., Maughan, R. J., Serratosa, L. y Zachwieja, J. (2005a). The sweating response of elite professionals soccer players to training in the heat. *International Journal of Sports Medicine, 26,* 90-95.

Shirreffs, S. M., Sawka, M. N. y Stone, M. (2006). Water and electrolyte needs for football training and match-play. *J Sports Sci., 24*(7), 699-707.

Shirreffs, S. M. y Maughan, R. J. (2008). Water and salt balance in young male football players in training during the holy month of Ramadan. *J Sports Sci., 26*(3), 47-54.

Shirreffs, S. M. (2009). Conference on "Multidisciplinary approaches to nutritional problems". Symposium on "Performance, exercise and health". Hydration, fluids and performance. *Proc Nutr Soc., 68*(1), 17-22.

Shirreffs, S. M. (2010). Hydration: special issues for playing football in warm and hot environments. *Scand J Med Sci Sports. 20*(3), 90-94.

Shirreffs, S. M. y Sawka, M. N. (2011). Fluid and electrolyte needs for training, competition, and recovery. *J Sports Sci., 29*(1), 39-46.

Siegler, J. C., Mermier, C. M., Amorim, F. T., Lovell, R. J., McNaughton, L. R. y Robergs, A. R. (2008). Hydration, thermoregulation, and performance effects of two sport drinks during soccer training sessions. *J Strength Cond Res., 22*(5), 1394-1401.

Silva R. P., Mündel, T., Natali, A. J., Bara Filho, M. G., Lima, J. R., Alfenas, R. C. (...) y Marins, J. C. (2011). Fluid balance of elite Brazilian youth soccer players during consecutive days of training. *J Sports Sci., 29*(7), 725-732.

Silva, R. P., Mündel, T., Natali, A. J., Bara Filho, M. G., Alfenas, R. C., Lima JR. (...) y Marins, J. C. (2012). Pre-game hydration status, sweat loss, and fluid intake in elite Brazilian young male soccer players during competition. *J Sports Sci., 30*(1), 37-42.

Simerville, J. A., Maxted, W. C. y Pahira, J. J. (2005). Urinalysis: a comprehensive review. *American Family Physician, 71*(6), 1153 -1162.

Soteras, A. (2017). Una hidratación insuficiente afecta al rendimiento escolar. *Efesalud, Jueves 09.02.2017.* www.efesalud.com.

Speedy, D. B., Noakes, T. D. y Schneider, C. (2001). Exercise-associated hyponatremia: a review. *Emerg Med (Fremantle), 13*, 17-27.

Stachenfeld, N. S. (2013). Assessing Hydration in the Laboratory and Field. *Sports Science Exchange, 111*, 1-4.

Stover, E. A., Petrie, H. J., Passe, D., Horswill, C. A., Murray, B. y Wildman, R. J. (2006a). Urine specific gravity in exercisers prior to physical training. *Applied Physiology, Nutrition, and Metabolism, 31*(3), 320-327.

Stover, E. A., Zachwieja, J., Stofan, J., Murray, R. y Horswill, C. A. (2006b). Consistently high urine specific gravity in adolescent american football players and the impact of an acute drinking strategy. *Int J Sports Med., 27*(4), 330-335.

Szinnai, G., Schachinger, H., Arnaud, M. J., Linder, L. y Keller, U. (2005). Effect of water deprivation on cognitive-motor performance in healthy men and women. *American Journal of Physiology - Regulatory, Integrative and Comparative Physiology, 289*(1), 275-280.

Thomas, B. J., Cornish, B. H., Ward, L. C. y Jacobs, A. (1999). Bioimpedance: is it a predictor of true water volumen? *Ann NY Acad Sci., 873*, 89-93.

Tomporowski, P. D., Beasman, K., Ganio, M. S. y Cureton, K. (2007). Effects of dehydration and fluid ingestion on cognition. *Int J Sports Med., 28*(10), 891-6.

Urdampilleta, A., Gómez-Zorita, S., Soriano, J. M., Martínez-Sanz, J. M., Medina, S. y Gil-Izquierdo, A. (2015). Hidratación e ingredientes químicos en el deporte: seguridad alimentaria en el contexto europeo. *Nutr Hosp., 31,* 1889-1899.

Utter, A. C., McAnulty, S. R., Riha, B. F., Pratt, B. A. y Grose, J. M. (2012). The validity of multifrequency bioelectrical impedance measures to detect changes in the hydration status of wrestlers during acute dehydration and rehydration. *J Strength Cond Res., 26*(1), 9-15.

Valtin, H. y Schafer, J. A. (1995). *Renal function mechanisms preserving fluid and solute balance in health (3ª ed.)*. Boston: Little, Brown and Co.

Virvidakis, C., Lokas, A., Mayopoulou-Symvoulidou, D. y Mountokalakis, T. (1986). Renal responses to bicycle exercise in trained athletes. *Int. J. Sports Med., 7*, 86-88.

Walsh, N. P., Laing, S. J., Oliver, S.J., Montague, J. C., Walters, R. y Bilzon, J. L. (2004). Saliva parameters as potential indices of hydration status during acute dehydration. *Med Sci Sports Exerc, 36*,1535-1542.

Welsh, R. S., Davis, J. M., Burke, J. R., y Williams, H. G. (2002). Carbohydrates and physical/mental performance during intermittent exercise to fatigue. *Med. Sci. Sports Exerc.*, 34, 723-731.

Weitkunat, T., Knechtle, B., Knechtle, P., Rast, C. A. y Rosemann, T. (2012). Body composition and hydration status changes in male and female open-water swimmers during an ultra-endurance event. *J Sports Sci., 30*(10), 1003-1013.

Wilk, B. y Bar-Or, O. (1996). Effect of drink flavor and NaCl on voluntary drinking and hydration in boys exercising in the heat. *Journal of Applied Physiology, 80*, 1112-1117.

Wilk, B., Kriemler, S., Keller, H. y Bar-Or, O. (1998). Consistency in preventing voluntary dehydration in boys who drink a flavored carbohydrate-NaCl beverage during exercise in the heat. *International Journal of Sport Nutrition, 8,* 1-9.

Wilk, B., Timmons, B. W. y Bar-Or, O. (2010). Voluntary fluidintake, hydration status, and aerobic performance of adolescent athletes in the heat. *Appl Physiol Nutr Metab., 35*(6), 834-41.

Wilk, B., Meyer, F., Bar-Or, O. y Timmons, B. W. (2014). Mild to moderate hypohydration reduces boys' high-intensity cycling performance in the heat. *Eur J Appl Physiol.114*(4), 707-713.

Williams, C. A. y Blackwell, J. (2012). Hydration status, fluid intake, and electrolyte losses in youth soccer players. *Int J Sports Physiol Perform.,7*(4), 367-374.

Wilmore, J. H. y Costill, D. L. (2010). *Fisiología del esfuerzo y del deporte (6ª ed.)*. Barcelona: Paidotribo.

Wittbrodt, M. T. y Millard-Stafford, M. (2018). Dehydration Impairs Cognitive Performance: A Meta-analysis. *Med Sci Sports Exerc.,* Jul 10. [Epub ahead of print]

Yeargin, S. W., Casa, D. J., Judelson, D. A., McDermott, B. P., Ganio, M. S., Lee, E. C. (...) y Maresh, C. M. (2010). Thermoregulatory responses and hydration practices in heat-acclimatized adolescents during pre-season high school football. *J Athl Train., 45*(2), 136-146.

Zambraski, E. J., Tipton, C. M., Tcheng, T. K., Jordon, H. R., Vailas, A. C. y Callahan, A. K. (1975). Iowa wrestling study: changes in the urinary profiles of wrestlers prior to and after competition. *Med Sci Sports, 7*(3), 217-220.

Zappe, D. H., Tankersley, C. G. Meister, T. G. y Kenney, W. L. (1993). Fluid restriction prior to cycle exercise: effects on plasma volumen and plasma proteins. *Med Sci Sports Exerc., 25*, 1225-1230.

Zubac, D., Reale, R., Karnincic, H., Sivric, A. y Jelaska, I. (2018). Urine specific gravity as an indicator of dehydration in Olympic combat sport athletes; considerations for research and practice. *Eur J Sport Sci., 10*, 1-10.

# ANEXOS

## Anexo 1. Cuadro de cronología de resultados de las investigaciones científicas más relevantes sobre la deshidratación en adultos en distintas actividades físicas y deportes.

| Resultados →<br><br>Autores / año / activ. ↓ | n | Condiciones Ambientales (ºC - %HR) | PC Perdido (Kg) | % PC perdido | Ingesta de líquidos (ml) Tasa Ingesta(L/h) | Pérdida de líquido por sudor(ml) Tasa Sudor(L/h) | [electrolitos] en sudor (mml/L) | Sodio en orina (mmol/L) | Osmolalidad en orina (mOsm/kg) | USG (g/L) | pH (orina) |
|---|---|---|---|---|---|---|---|---|---|---|---|
| Godek et al. (2005). (jugadores de fútbol americano) | | | | | | | | 1º 194±43<br>2º 43±38<br>3º 40±39<br>4º 39 ±39<br>6º 68 ±40 | | 1º 1,017<br>2º-5º 1,021<br>6º 1,032 | |
| Stover et al. (2006a). (practicantes en centros de fitness) | 329<br>164 ♂<br>165 ♀ | | | | | | | | | ♂ 1,020±0,007<br>♀ 1,017±0,008 | |
| Kutlu y Guler (2006). (taekwondo) | 32 | | | | | | | | Pre: 998±171<br>Gral:989±205 | Gral:1,017=0,010 | |
| Barbero et al. (2006). (partidos futsal profesionales) | | | | 1,7±0,5 | | 0,8 ± 0,3 | | | | | |
| Laursen et al. (2006). (triatletas Ironman) | | 23,3±1,9ºC<br>60 ± 14 % | | Hasta -3 | | | | | | Pre: 1,011<br>Post:1,017 | |

**Anexo 1. Continuación-1**

| Resultados →<br>Autores / año / activ. ↓ | n | Condiciones Ambientales (ºC - %HR) | PC Perdido (Kg) | % PC perdido | Ingesta de líquidos (ml) Tasa Ingesta(L/h) | Pérdida de líquido por sudor(ml) Tasa Sudor(L/h) | [electrolitos] en sudor (mml/L) | Sodio en orina (mmol/L) | Osmolalidad en orina (mOsm/kg) | USG (g/L) | pH (orina) |
|---|---|---|---|---|---|---|---|---|---|---|---|
| Hamouti et al. (2007). (f-s, bm, bc, vb) | 48 | | | 1,2±0,3 | 800 | | | | | | |
| García-Pellicer (2009). (partidos oficiales futsal prof.) | 12 | | 0,8 ± 0,8 | 3,1±0,9 | 1539±276 | 1,5 ± 0,7 | | | | | |
| Osterberg et al. (2009). jugadores NBA | 29 | | | | | | | | | Pre: 48% > 1,020 | |
| MacLeod y Sunderland (2009) (2part.jugadoras de élite hockey hierba) | 18 | | -0,1 ± 0,6 -0,3 ± 0,5 | | | | | | 1º 197 ± 110 2º 425 ± 206 | | |
| Newell et al. (2009). (entrenamiento fútbol gaélico) | 20 | 16 - 8ºC 82 - 88% | | | | | Na$^+$: 35 | | | | |

**Anexo 1. Continuación-2**

| Resultados→<br>Autores / año / activ. ↓ | n | Condiciones Ambientales (ºC - %HR) | PC Perdido (Kg) | % PC perdido | Ingesta de líquidos (ml) Tasa Ingesta(L/h) | Pérdida de líquido por sudor(ml) Tasa Sudor(L/h) | [electrolitos] en sudor (mml/L) | Sodio en orina (mmol/L) | Osmolalidad en orina (mOsm/kg) | USG (g/L) | pH (orina) |
|---|---|---|---|---|---|---|---|---|---|---|---|
| García-Jiménez y Yuste (2010). (partidos oficiales futsal prof.) | 9 | 22 - 26ºC 32 - 42% | | 0,99±1,12 | 1635±785 | 2,6 ± 0,9 | | | | | |
| Batchelder et al. (2010). (entren. hockey-hielo) | 17 | 6,0±1,6ºC 40,4±11,8% | 1,1 = 0,3 | | | 0,8 ± 0,5 | | | | | |
| Harnouti et al. (2010). (jugadores de rugby y corredores) | | | | | | | | | 702 ± 56<br>554 ± 41 | 1,021±0,002<br>1,016±0,001 | |
| Godek et al. (2010a). (entrenamiento fútbol americano) | 16<br>8 NFL<br>8 NCA | | | | 4000±1100<br>5000±1500 | 2,1 ± 0,2<br>1,8 ± 0,1 | | | | | |
| Godek et al. (2010b). (entrenamiento fútbol americano) | 44<br>18 BK<br>12LB/QB<br>14 LM | | | | | 1,4 ± 0,4<br>1,9 ± 0,5<br>2,2 ± 0,8 | Na⁺:<br>50,0 ± 16<br>48,2 ± 23<br>52,8 ± 25 | | | | |
| O'Hara et al. (2010). (partidos rugby) | 14 | | 1,3 ± 0,7 | 1,31 | 640±500 | 2,0 ± 0,7 | | | Pre: 237 ±177<br>Des: 315 ± 133<br>Post: 489 ±150 | | |

**Anexo 1. Continuación-3**

| Resultados →<br><br>Autores / año / activ. ↓ | n | Condiciones Ambientales (ºC - %HR) | PC Perdido (Kg) | % PC perdido | Ingesta de líquidos (ml) Tasa Ingesta(L/h) | Pérdida de líquido por sudor(ml) Tasa Sudor(L/h) | [electrolitos] en sudor (mml/L) | Sodio en orina (mmol/L) | Osmolalidad en orina (mOsm/kg) | USG (g/L) | pH (orina) |
|---|---|---|---|---|---|---|---|---|---|---|---|
| Knechtle et al. (2011). (triatletas no profesionales) | 27 | | | | | | | | | Pre: 1,012<br>Post:1,022 | |
| Lott y Galloway (2011). (partidos de tenis indoor) | 16 | 17 ± 2ºC<br>42 ± 9% | | | 1,0 ± 0,6 | 1,1 ± 0,4 | | | | | |
| Brandenburg y Gaetz, (2012). (2 part. jugadoras baloncesto de élite) | 17 | | 1,0 ±<br>0,7 | P1º0,7±0,8<br>P2º0,6±0,6 | | | | | | P1º:<br>pre:1,005<br>P2º:<br>pre:1,010 | |
| Abián-Vicén (2012). (partidos bádminton) | 46 ♂<br>24 ♀ | | | 0.4 ± 0,5<br>0.3 ± 0,8 | 1.1 ± 0,5<br>1.0 ± 0,4 | 1,1 ± 0,4<br>1,0 ± 0,6 | | | | | |
| Mueller (2013). (triatletas Ironman) | | | 1,9 ±<br>0,8 | | | | | | | Pre:<br>Post: | 7,20±0,21<br>6,28±0,05 |

**Anexo 1. Continuación-4**

| Resultados →<br>Autores / año / activ. ↓ | n | Condiciones Ambientales (ºC - %HR) | PC Perdido (Kg) | % PC perdido | Ingesta de líquidos (ml) Tasa Ingesta(L/h) | Pérdida de líquido por sudor(ml) Tasa Sudor(L/h) | [electrolitos] en sudor (mml/L) | Sodio en orina (mmol/L) | Osmolalidad en orina (mOsm/kg) | USG (g/L) | pH (orina) |
|---|---|---|---|---|---|---|---|---|---|---|---|
| Petterson y Berg (2014). (luchadores de élite) | 31 | | | | | | | | | | Pre: 83% ≥ 1,020 y ≥ 1,030frecuente |
| Lee et al. (2014). (jugadores de rugby profesionales) | 10 | Partido Entrenam. Gimnasio | 1,4 = 1,0 1,0 = 0,4 0,6 = 0,5 | 1,0 ± 0,7 0,3 ± 0,6 0,1 ± 0,6 | 955 ± 562 1224 ± 601 987 ± 503 | | | | Pre: 423 ± 157 | | |
| García-Jiménez et al. (2015). (partidos oficiales futsal prof.) | | | | 1,04 | | | | | | | |
| Cunniffe et al. (2015). (entrenam. /partido balonmano femenino) | 17 | 23 ± 2ºC 30 ± 2% | | | | 1,02 ± 0,07 | Na$^+$: 38 ±10 | | | | |

**Anexo 2. Cuadro de cronología de resultados de las investigaciones científicas más relevantes sobre la deshidratación en adultos en el fútbol.**

| Resultados→<br><br>Autores /año / activ.<br>↓ | n | Condiciones Ambientales (ºC - %HR) | PC Perdido (Kg) | % PC perdido | Ingesta de líquidos (ml) | Pérdida de líquido por sudor (ml) T.S. (L/h) | [electrolitos] en sudor (mml/L) | Pérdida total ClNa (g) | Osmolalidad en orina (mOsm/kg) | USG (g/L) | pH (orina) |
|---|---|---|---|---|---|---|---|---|---|---|---|
| Maughan et al. (2004). (entrenamiento, 90') | 24 | 24 - 29ºC<br>46 - 64 % | 1,10±0,43 | 1,37 ± 0,54 | 971 ± 303 | 2033 ± 41<br>TS: 1,38 | $Na^+$= 49 ± 12<br>K = 6,0 ± 1,3<br>Cl = 43 ± 10 | 5,8 ± 1,4 | Pre:666 ± 311 | | |
| Maughan et al. (2005). (entrenamiento, 90') | 17 | 5ºC<br>81 % | | | 423 ± 215 | 1690 ± 450 | $Na^+$= 42,5 ± 13<br>K = 4,2 ± 1,0 | 4,3 ± 1,8 | | | |
| Shirreffs et al. (2005). (entrenamiento, 90') | 26 | 32 ± 3ºC<br>20 ± 5 % | 11<br>1,23±0,50 | 1,59 ± 0,61 | 972 ± 335 | 2193 ± 365<br>TS: 1,46 | $Na^+$=30,2±18,8<br>K = 3,58±0,56 | | | | |
| Al-Jaser y Hasan (2005). (partido) | 10 | 45,4ºC<br>23,6 % | | | | 3100 ±1400 | | | | Post:1,026<br>± 0,002 | |
| Salum y Fiamoncini (2006).(entrenamiento) | 23 | | | 1,28 ± 0,25 | | | | | | | |
| Maughan et al. (2007). (partido) | 31 | 8,6ºC<br>50 - 60 % | | | 840 ± 470 | 1680 ± 400 | $Na^+$ = 62 ± 13 | 2,4 ± 0,8 | Pre:678 ± 344 | | |
| Aragón-Vargas et al. (2009). (partido) | 17 | 34,9ºC<br>35,4 % | 2 58±0,88 | 3,38 ± 1,11 | 1948±954 | 4448 ±1216<br>TS: 2,26 | | | | Pre: 1,018<br>± 0,008 | |
| Castillo (2009). (partido) (entrenamiento) | 12<br>10 | | 1,20±0,451,60±0,56<br>0,60±0,210,77±0,30 | | | 1790±321,8<br>1047±260,4 | | | | | |
| Kurdak et al. (2010). (partido) | 22 | 34,3ºC<br>64 ± 2 % | | 2,2 ± 0,9 | 1653±487 | 3100 ± 610 | $Na^+$ = 45 ± 9 | | | | |

**Anexo 2. Continuación-1**

| Resultados→<br>Autores /año / activ.<br>↓ | n | Condiciones Ambientales (ºC - %HR) | PC Perdido (Kg) | % PC perdido | Ingesta de líquidos (ml) | Pérdida de líquido por sudor (ml) T.S. (L/h) | [electrolitos] en sudor (mml/L) | Pérdida total CINa (g) | Osmolalidad en orina (mOsm/kg) | USG (g/L) | pH (orina) |
|---|---|---|---|---|---|---|---|---|---|---|---|
| López-Mata et al. (2012). (partido) | 17 | | | | | | | | | Pre: 1,019 Post:1.025 | 6,0 ± 0,91 5,35 ± 0,60 |
| Owen et al. (2013). (estudio de campo: Loughborough, 90') | 13 | | | 0.3 ± 0,1 1,1 ± 0,2 2,5 ± 0,4 | 1,65 ±0,17 0,85 ±0,19 0 | = ab libitum no fluido | | | | | |
| Castro-Sepúlveda et al. (2015). (entren.) | 156 | | | | 98 % deshidratación pre-entrenamiento entre moderada y grave (USG) | | | | | | |

**Anexo 3. Cuadro de cronología de resultados de las investigaciones científicas más relevantes sobre deshidratación en niños y adolescentes en distintas actividades físicas y deportes.**

| Resultados→<br>Autores / año / activ.<br>↓ | n | Edad<br>(años) | Condiciones<br>ambientales<br>(Tª / HR) | PC<br>perdido<br>(Kg) | % PC<br>perdido | Ingesta de<br>líquidos<br>(ml) | Pérdida de lí-<br>quido por su-<br>dor (ml) | Losm<br>(mOsm/kg) | USG<br>(g/L) |
|---|---|---|---|---|---|---|---|---|---|
| Bar Or et al. (1980).<br>(laboratorio) | 11 | 10-12 | 39ºC<br>45 % | | | | | | |
| Bergeron et al. (2006).<br>(entrenam. tenis) | 14 | 15,1 ± 1,4 | 79,3 - 79,9ºF | | | | | | Pre: 1,024 |
| Stover et al. (2006).<br>(entrenamiento fútbol<br>americano) | 13<br>46 | Secundaria<br>Junior | | | | | | | Pre: 1,022-<br>1,024<br>Pre: 1,021-<br>1,016 |
| Bergeron et al. (2007).<br>(partido tenis dobles) | 5 | 13,9 ± 0,9 | | | | | 1900 ± 200 | | Pre: 1,025 |
| Higham et al. (2009)<br>(natación) | 76 | Adolescentes | | | < 2 | | | | Media 4 días:<br>>1,020 |
| McDermott et al.<br>(2009). (entr./part. fút-<br>bol americano) | 33 | 12 ± 2 | | | | 760 ± 290 | E: 650 ± 350<br>P: 1300±570 | Media 5 días:<br>796 ± 293 | |
| Yeargin et al. (2010).<br>(entrenamiento fútbol<br>americano) | 25 | 15 ± 1 | | | | | TS:<br>P: 0,6 ± 0,2<br>M: 0,8 ± 0,1 | Pre: 831 ± 285<br>Post:856± 259 | |
| Kavouras et al. (2012)<br>(intervención educ.) | 92<br>I: 61<br>C:31 | 13,8 ± 0,4 | | | | | | Pre: 941± 30<br>Post:782 ± 34<br>Pre: 970 ± 38<br>Post:961 ± 38 | Pre: 1,031<br>Post: 1,023<br>Pre: 1,033<br>Post: 1,032 |

**Anexo 3. Continuación-1**

| Resultados→ Autores / año / activ. ↓ | n | Edad (años) | Condiciones ambientales (Tª / HR) | PC perdido (Kg) | % PC perdido | Ingesta de líquidos (ml) | Pérdida de líquido por sudor (ml) | Uosm (mOsm/kg) | USG (g/L) |
|---|---|---|---|---|---|---|---|---|---|
| Rivera-Brown et al. (2012). (entren. judo) | | Pub.temprana Pub. tardía | 29,5ºC 77,7 % | | 1,3 ± 0,8    1,9 ± 0,5 | | | | 24 h: 1,028 24 h: 1,027 |
| Aragón-Vargas et al. (2013).(comp.triatlón) | 95 | P: 9-13 M: 14-17 | 31ºC | | P.♂: 1,2 ± 0,9 P/M♀:1,3 ± 0,9 M.♂: 1,7 ± 1,1 | | | | |
| Wilk et al. (2014). (entren. ciclismo) | 9 | 10-12 | | | | | | C/desh.0%→ C/desh.1%→ C/desh.2%→ | 1,015±0,003 1,013±0.002 1.015±0.002 |
| Arnaoutis et al (2015) (entr. varios deportes) | 59 | 15,2 ± 1,3 | 27,6ºC 58 % | | 1,1 ± 0,07 | | | | > 1,020 |
| Martínez (2015). (entrenamiento duatlón) | 21 13♀ 8♂ | 11,2 ± 1,3 | | | | Antes (M±SD): 5,66 ±0,45 Después(M±SD): 5,38 ±0,38 | 25,23±16,31 79,04 ±58,38 | 182,47 ± 64,43 471,23±267,18 | | 1,011±0,004 1,019±0,580 |

**Anexo 4. Cuadro de cronología de resultados de las investigaciones científicas más relevantes sobre deshidratación en niños y adolescentes en el fútbol.**

| Resultados→<br><br>Autores / año / activ. ↓ | n | Edad (años) | Condiciones Ambientales (ºC / % HR) | PC Perdido (Kg) | % PC perdido | Ingesta de líquidos (ml) | Pérdida de líquido por sudor (ml) T.S. (L/h) | [electrolitos] en sudor (mml/L) | Pérdida total ClNa(g) | USG (g/L) |
|---|---|---|---|---|---|---|---|---|---|---|
| Guerra et al. (2004). (partido) | 20 | 16 ± 1 | | CHO: 1,14 NCHO:1,75 | | | | | | |
| Martins et al. (2007). (entrenamiento, f-s) | 6 | 15-18 | | | 0,43 ± 0,41 | | | | | |
| Shirreffs y Maughan (2008). (entrenamiento) | 55 OF 37WR | | 25-28ºC 50-53 % | | | - 1920 ± 660 | 1410 ± 360 1610 ± 510 | Na+: 20 ± 8 Na+: 17 ± 7 | 1,7 ± 1,1 1,7 ± 0,9 | |
| Silva et al. (2011). (entrenamiento) | 20 | 17,2 ± 0,5 | | | | 1607 ± 460 | 2822 ± 530 | | | Pre: >1,020 |
| Silva et al. (2012). (partido) | 15 (10) | 17,0 ± 0,6 | 31 ± 2ºC 48 ± 5 % | | | 1120 ± 390 | 2240 ± 630 | | | Pre:1,021 ± 0,004 |
| Williams y Backwell (2012). (entrenamiento) | 21 | 17,1 ± 0,7 | (frío) | | 1,7 | | | | | |
| Gibson et al. (2012). (entrenamiento) | 34 ♀ | 15,7 ± 0,7 | 9,8 ± 3,3 °C 63 ± 12 % | | 0,84±0,07 | | 690 ± 540 | Na+: 48 ± 12 | | Pre: 45% n >1,020 |
| Arnauotis et al. (2013). (entrenamiento) | 107 (72) | 11-16 | 27,2 ± 2 °C 57 ± 9 % | | 0,35±0,04 | | | | | Pre: ≥ 1,020 |
| Castillo (2014). (partido) | 54 | 13-18 | | 0,7 ± 0,45 | 1 ± 0,6 | 519 ± 335 | 1104 ± 555 TS: 0,6 | | | |
| Phillips et al. (2014). (entrenamiento) | 14 | 16,9 ± 0,8 | | ~ 0,40 | | ~ 70 % pérdidas | | | | Pre:~70% n > 1,020 |
| Gordon et al. (2015). (entrenamiento) | 79 | 15,9 ± 0,8 | | | 0,7 ± 0,7 | 216 ± 140 | | | | Pre: 1,023 Post: 1,024 |

## Anexo 5. Cuadro de cronología de resultados de la Uosm en las investigaciones más relevantes en distintos deportes, actividades y edad.

| Autores y año | Sujetos/Actividad | Resultados Uosm (mOsm/kg.) | |
|---|---|---|---|
| | | Pre | Post |
| Maughan et al. (2004). | 24 futbolistas de la Premier League (entrenamiento) | 666 ± 311 | |
| Kutlu y Guler (2006) | 32 competidores de taekwondo, campamento | Media al inicio del campamento: 998 ±171 Valores promedio para todas las muestras: 989 ± 205 | |
| Maughan et al. (2007b). | 31futbolistas de English Premier League Reserve | 678 ± 344 (11 de los 31, muestras > 900) | |
| MacLeod y Sunderland (2009) | 18 jugadoras de hockey sobre hierba de élite(sub21) | Partido 1º: 197 ± 110 vs partido 2º: 425 ± 206 | |
| McDermott et al. (2009) | 33 niños en edad escolar, campamento verano fútbol | Media 5 días: 796 ± 293 | |
| Harnouti et al. (2010). | Comparación entre jugadores de rugby y corredores | Valores promedio mediciones 6 días: rugby = 702 ± 56 corredores = 554 ± 41 | |
| O'Hara et al. (2010) | 14 jugadores (72 muestreos) de la Super Liga inglesa de rugby | 396 ± 252 a su llegada, 237 ± 177 antes del partido, 315 ± 133 en el medio tiempo, y … | …489 ± 150 al finalizar el partido. |
| Yeargin et al. (2010). | 25 jugadores fútbol americano adolescentes | Promedio 10 sesiones entrenamiento de pretemporada: 881 ± 285 | 856± 259 |
| Kavouras et al. (2012) | 92 púberes en un programa de intervención educativa | Intervención (61) = 941 ± 30 Control (31) = 970 ± 38 | 782 ± 34 961 ± 38 |
| Lee et al. (2014) | 10 jugadores de rugby profesionales de primer nivel | Uosm media de llegada: 423 ± 157 (hidratación adecuada) | Peligro de hiponatremia por hidratación excesiva |

## Anexo 6. Cuadro de cronología de resultados de la USG en las investigaciones más relevantes en distintos deportes, actividades y edad.

| Autores y año | Sujetos/Actividad | Resultados USG (g/L) | |
|---|---|---|---|
| | | Pre | Post |
| Bartok, et al. (2004) | 25 luchadores | Corte identificación deshidratación hipertónica = 1,020 | |
| Al-Jaser y Hasan (2005). (partido) | 10 futbolistas de élite kuwaitíes (5 partidos) | | 1,026 ± 0,002 |
| Godek et al. (2005) | Jugadores de fútbol americano | 6 días, 2 sesiones/día: inicio: 1,017 ± 0,006; proceso: 1,021 ± 0,007; final: 1,032 ± 0,004 | |
| Laursen et al. (2006). | Triatletas altamente entrenados (Iron Man) | 1,011 ± 0,005 | 1,017 ± 0,008 |
| Kutlu y Guler (2006) | 32 competidores de taekwondo, campamento | Media: 1,017 ± 0,010 | |
| Stover et al. (2006a). | 329 sujetos (164 ♂ y 165 ♀), practicantes en centros de fitness. | Media de los 329 sujetos:1,018 ± 0.007 Varones: 1,020 ± 0,007 Mujeres: 1,017 ± 0,008 | |
| Stover et al. (2006b). | 13 universitarios f. americ. 46 junior fútbol americano | 5 días, 2 sesiones/día; rango de medias:1,020 ± 0,003-1,024 ± 0,005 Con implementación de estrategia, la media bajó de 1,021 a 1,016 | |
| Bergeron et al. (2006). | 14 tenistas jóvenes (9♂, 5♀), entrenamiento | Media pre-entrenamiento: 1,025 ± 0,005 | |
| Bergeron et al. (2007). | 8 tenistas jóvenes, partidos oficiales (dobles) | 1,025 ± 0,002 | |
| Hornery et al. (2007). | 14 tenistas, torneos internacionales | Media: 1,022 ± 0,004 | |
| Sun, Chia, Aziz y Tan (2008). | Piragüistas fondo (5 ♂ y 5 ♀) | | Agua: 1,020 ±0,012 Gatorade: 1,018 ±0,008 |

**Anexo 6. Continuación-1**

| Autores y año | Sujetos/Actividad | Resultados USG (g/L) | |
|---|---|---|---|
| | | Pre | Post |
| Newell, Newell y Grant (2008). | 20 jugadores fútbol gaélico. | Los resultados de la mayoría de los jugadores de elite (n = 15) muestran una buena hidratación (USG <1,010) antes del ejercicio de actividad, sin embargo, tres jugadores presentan signos de deshidratación mínima (USG: 1,010 a 1,020) y dos jugadores mostraron niveles significativos de deshidratación (USG: 1,021 a 1,030). | |
| Rivera et al. (2008). | 44 sujetos (22 niños y 22 niñas). Edades entre 9 y 17 años, practicantes varias modalidades deportivas distintas. | Niños:1,030 ± 0,017 Niñas:1,028 ± 0,015 | |
| Knetchle et al. (2008). | 10 sujetos en carrera de 17 días y 1.200 km | Valores medios:1,013 ± 0,007 Al sexto día de carrera su valor medio: 1,023 ± 0,005 | |
| Knetchle et al. (2009). | 16 nadadores masculinos de ultrarresistencia | Valores medios: 1,020 | 1,010 |
| Knetchle et al. (2010a). | Triatletas no profesionales | Valores medios: 1,010 | 1,022 |
| Knetchle et al. (2010b). | 53 participantes en un triple Iron Man | Valores medios: 1,013 | 1,017 |
| Volpe, Poule y Bland (2009). | Atletas jóvenes universitarios (138 ♂; 125 ♀). Estimación del estado de hidratación antes de la práctica. | 66% = probabilidad hipohidratación (≥ 1,020) 13% – deshidratación significativa (1,031 ± 0,002) 54% = hipohidratado (1,024 ± 0,003) 34% = euhidratado (1,012 ± 0,005) Mayor deshidratación en hombres que en mujeres. | |
| Higham et al. (2009). | 35 nadadores competición | Media 4 días > 1,020 | |
| Osterberg et al. (2009). | 29 jugadores NBA | Aprox. la mitad = hipohidratados | |
| Aragón-Vargas et al. (2009). | 17 futbolistas profesionales, competición | Media: 1,018 ± 0,008 (7 jug. ≥ 1,020) | |

**Anexo 6. Continuación-2**

| Autores y año | Sujetos/Actividad | Resultados USG (g/L) | |
| --- | --- | --- | --- |
| | | Pre | Post |
| Harnouti et al. (2010). | Comparación entre jugadores de rugby y corredores | Valores promedio mediciones 6 días:<br>rugby = 1,021 ± 0,002<br>corredores = 1,016 ± 0,001 | |
| Kurdak et al. (2010). | 22 jugadores fútbol, competición | PARTIDO 1: EQUIPO 1 = 1,012 ± 0,006; EQUIPO 2 = 1,010 ± 0,006 — PARTIDO 2: EQUIPO 1 = 1,012 ± 0,008; EQUIPO 2 = 1,006 ± 0,003 | |
| Silva et al. (2011). | 20 futbolistas brasileños adolescentes de élite | USG pre-entrenamiento > 1,020 | |
| Knechtle et al. (2011). | 27 triatletas no profesionales | 1,012 | 1,022 |
| Weitkunat (2012) | 20 ♂ + 11 ♀ nadadores de aguas abiertas | | USG 0,1 % más baja en ♀ que ♂ |
| Kavouras et al. (2012). | Intervención Educativa: 92 G. Interv.: 61 (30 ♂, 31 ♀) G. Control: 31(13 ♂, 18 ♀) | 1,031 ± 0,009 1,033 ± 0,011 | 1,023 ± 0,012 1,032 ± 0,013 |
| Rivera-Brown et al. (2012). | Judocas jóvenes en concentración de entrenamiento | Pubertad temprana; 24h.= 1,028 Pubertad tardía; 24h.= 1,027 | |
| Brandenburg y Gaetz (2012). | 17 jugadoras baloncesto de élite | Partido 1º: 1,005 ± 0,002; Partido 2º: 1,010 ± 0,005 | |
| López-Mata et al. (2012). | 17 futbolistas universitarios, partido | 1,019 ± 0,005 | 1,025 ± 0,004 |
| Jetton, et al. (2013). | Artes marciales mixtas | 39 % luchadores USG > 1,021 | |
| Aragón-Vargas et al. (2013). | 95 triatletas | | 1,014 |
| Petterson y Berg (2014). | 31 luchadores (élite) de 4 deportes de combate difer. | En la mañana del día de competición: 83% ≥ 1,020 y ≥ 1,030 frecuente | |

**Anexo 6. Continuación-3**

| Autores y año | Sujetos/Actividad | Resultados USG (g/L) | |
|---|---|---|---|
| | | Pre | Post |
| Wilk et al. (2014). | 9 ciclistas no competitivos de 10 a 12 años | 3 entrenamientos de ciclismo intermitente de alta intensidad | Desh0%:1,015 Desh1%:1,013 Desh2%:1,015 |
| Castro-Sepúlveda et al. (2015). | 156 futbolistas profesionales chilenos | 98 % deshidratación pre-entrenamiento entre moderada y grave | |
| Arnaoutis et al. (2015). | 59 jóvenes atletas de élite de 4 deportes | 76,3 % atletas pre-entrenamiento USG ≥ 1,020 | 74,5% ≥ 1,020 |

9 788849 993644